PUROS COMO AS *POMBAS,* PRUDENTES COMO AS *SERPENTES*

Guilherme Schelb

PUROS COMO AS *POMBAS*, PRUDENTES COMO AS *SERPENTES*

Editora Quatro Ventos
Rua Liberato Carvalho Leite, 86
(11) 3230-2378
(11) 3746-9700

Todos os direitos deste livro são reservados pela Editora Quatro Ventos.

Proibida a reprodução por quaisquer meios, salvo em breves citações, com indicação da fonte.

Todas as citações bíblicas e de terceiros foram adaptadas segundo o Acordo Ortográfico da Língua Portuguesa, assinado em 1990, em vigor desde janeiro de 2009.

Diretor executivo: Renan Menezes
Editora responsável: Sarah Lucchini
Equipe Editorial:
Mara Eduarda Garro
Paula de Luna
Gabriela Vicente
Revisão: Eliane Viza B. Barreto
Diagramação: Vivian de Luna
Capa: Vinícius Lira

Todo o conteúdo aqui publicado é de inteira responsabilidade do autor.

Todas as citações bíblicas foram extraídas da King James Atualizada, salvo indicação em contrário.

Citações extraídas do site https://www.bibliaonline.com/kja. Acesso em junho de 2020.

1ª Edição: Julho 2020

Ficha catalográfica elaborada por Geyse Maria Almeida Costa de Carvalho – CRB 11/973

S332p Schelb, Guilherme

Puros como as pombas, prudentes como as serpentes / Guilherme Schelb. – São Paulo: Quatro ventos, 2020.
232 p.

ISBN: 978-65-86261-02-8

1. Desenvolvimento pessoal. 2. Desenvolvimento espiritual. 3. Inteligência emocional. 4. Provérbios. I. Título.

CDD 241
CDU 261

SUMÁRIO

Introdução 13

1 Cortando os dedos para não
entregar os anéis 17

2 Quando a vítima é o agressor 39

3 Pai amigo, filho problema 53

4 A corrupção custa caro 79

5 Cuidado com o que
você diz aos seus amigos 107

6 Você é fraco quando se acha forte 127

7 Não existe jantar de graça 159

8 Um péssimo acordo pode ser
melhor do que um excelente processo 179

9 Quem manda é a secretária 195

10 Justiça passo a passo 213

DEDICATÓRIA

Dedico este livro aos jovens de todas as idades, que como Abraão estão prontos para o novo. Espero que todos utilizem as poderosas instruções bíblicas desta obra e possam ser profetas e restauradores de uma nova nação, ainda que atuem de forma invisível.

AGRADECIMENTOS

Agradeço a Deus por tudo, pois sei que nada posso senão n'Aquele que me fortalece. À minha esposa, Ellen, pelo apoio e sugestões sempre inspiradoras e precisas. Aos amigos que me auxiliaram na leitura e revisão de textos e tanto me incentivaram.

PREFÁCIO

Tive o privilégio de conhecer o Dr. Guilherme Schelb através de seu corajoso e incansável trabalho como Procurador da República de nossa nação. Ele é Mestre em Direito Constitucional e Especialista em Segurança Pública, aconselhando pessoas-chave nas esferas da Educação, da Família e da Infância, que são os principais pilares de uma sociedade.

Puros como as pombas, prudentes como as serpentes é um livro que relata suas ricas experiências como Promotor de Justiça da Infância e Procurador da República lidando com causas criminais, conflitos de família e violência em quase 30 anos de atuação na Justiça brasileira. Com base em suas experiências, oferece sábios conselhos extraídos do livro bíblico de Provérbios.

É uma obra de importantes e ricas estratégias, instruções e aconselhamentos para jovens, pais, professores de escolas, advogados, conselheiros de família e qualquer cidadão que zela pela sua nação.

Suas experiências como Mestre em Direito Constitucional e Especialista em Segurança Pública são fonte profunda de conhecimento, baseado em princípios bíblicos colocados em ação e comprovado pelos resultados positivos e vitoriosos.

Está ao acesso de todos que desejam transformar famílias e cidades, como instrumento da Justiça de Deus.

Basta orar e agir.

SARAH HAYASHI
Professora, teóloga, doutora em Ministério Eclesiástico, mestre em Aconselhamento de Casais e Famílias, fundadora da Zion Church São Paulo, pastora e mestra desde 1977

INTRODUÇÃO

Nem sempre é possível alterar a realidade. No entanto, sempre podemos mudar a nossa perspectiva diante dos problemas. A inteligência emocional nos permite criar um ambiente mental em que as dificuldades produzem um sentimento positivo ou, até mesmo, um estímulo para a vida. Assim, o ditado: "O que não me mata me fortalece", pode sintetizar o conceito de inteligência emocional, que é a capacidade permanente e viva de não se limitar a lamentar perdas ou injustiças sofridas, mas extrair sabedoria e força interior das experiências ruins.

A Palavra trata desse tema com bastante frequência, e o livro de Provérbios, em especial, traz orientações que nos ajudam a encontrar soluções saudáveis para embates cotidianos. Qualquer situação de risco se torna um conflito, seja um furto em casa, infidelidade no relacionamento ou uma inimizade no trabalho.

O principal resultado disso é a desilusão, o estado emocional de quando nossos desejos e expectativas não são atendidos, como está escrito em Provérbios 13.12a: "A esperança adiada desfalece o coração" (ACF). Desta forma, podemos comparar a frustração a um alimento, uma vez que o amadurecimento psicológico ocorre somente quando somos capazes de digerir nossas próprias decepções. É através deste processo que aprendemos a reconhecer nossos limites e adaptar-nos à realidade.

Sendo assim, a capacidade de conviver com insatisfações temporárias ou permanentes gera maturidade pessoal, ou seja, a habilidade de encontrar paz e equilíbrio interior em situações de conflito. Pois acredite, os problemas cotidianos são como a academia de ginástica da mente. Entretanto, existe um nível de tolerância às adversidades. Se por um lado precisamos de uma dose diária de complicações para resolver, por outro, transtornos demais podem gerar profundas disfunções psicológicas.

Nestas páginas encontramos uma chave de compreensão para a vida: devemos agir e reagir ao mundo conforme um entendimento que vai além das aparências, sabendo identificar as tolices, o orgulho e a maldade no coração das pessoas. Este livro trará informações sobre como lidar com as aflições e perseguições injustas. E o meu alvo audacioso é fazer parte de uma sábia oração que certa vez ouvi, popularmente atribuída ao teólogo americano Reinhold Niebuhr:

Concedei-nos, Senhor, a serenidade necessária para aceitar as coisas que não podemos modificar, coragem para modificar aquelas que podemos e sabedoria para distinguirmos umas das outras.

CAPÍTULO 1

CORTANDO OS DEDOS PARA NÃO ENTREGAR OS ANÉIS

OS CONFLITOS COTIDIANOS

Umas das causas mais recorrentes para o fim de diversos relacionamentos é a falta de capacidade para resolver conflitos. Relações profissionais, acadêmicas e afetivas são fortemente prejudicadas quando as tratamos como se fossem descartáveis em vez de dedicarmos tempo e esforço para superar os problemas e desenvolver estratégias para solucioná-los. Entretanto, isso é fundamental para aprofundarmos nossas conexões com as pessoas.

É exatamente em razão disso que se faz necessário aprendermos o valor de resolver embates cotidianos de modo saudável, tendo em vista a construção de relações mais fortes, além de desenvolvermos maturidade e constância em nossas emoções. Precisamos nos atentar aos pequenos embates do dia a dia e estarmos prontos para superá-los.

Os conflitos cotidianos são como pequenas pedras no caminho, que embora não tão visíveis quanto as montanhas, podem ser a causa mais frequente de tropeços e quedas. Tratam-se de problemas gerados a partir do convívio rotineiro, e podem ser divididos em três categorias: conflitos de comunicação, conflitos emocionais e conflitos patológicos.

CONFLITOS DE COMUNICAÇÃO

Palavras mal ditas ou mal colocadas são fontes de diversos conflitos na vida do ser humano. Isso acontece porque temos responsabilidade sobre tudo o que dizemos; somos senhores das palavras não ditas, mas escravos das que já falamos. Por isso, é imprescindível discernir a hora certa para falar, assim como a hora de nos calarmos, como diz o ditado: "Falar é prata, mas calar é ouro". Nesse sentido, a Palavra nos adverte em Tiago 1.19 que devemos ser prontos para ouvir, mas tardios para falar.

Isso, porque grande parte dos problemas da comunicação são causados pelos sentimentos ocultos nas pessoas: emoções, desejos e expectativas. Estas são variáveis incontroláveis, que mudam a quase todo instante, de acordo com a nossa idade, maturidade, e até mesmo a estação do ano ou hora do dia. Sendo assim, sentimentos maus, como inveja, ódio e orgulho, acabam gerando muitas dessas confusões. Por isso, antes de falar com as pessoas, é essencial discernir quais são as suas motivações interiores e o seu contexto social, até porque os conflitos de comunicação são bastante frequentes.

Muitas vezes, há acordo em relação a uma situação, mas, se não conseguimos comunicar ou compreender a mensagem que está sendo transmitida, podemos entrar em embates por motivos banais.

Portanto, além de falar com estratégia, precisamos escolher o momento emocional adequado para uma boa comunicação. Situações de tristeza, comoção ou raiva, junto à abordagem de temas delicados, assuntos polêmicos, íntimos ou sentimentais, geram conflitos com bastante frequência. Assim também, a forma equivocada de falar, ou seja, uma entonação agressiva, o uso de palavras inapropriadas ou gestos bruscos, atrapalham significativamente a transmissão de uma mensagem.

Para evitar este tipo de conflito, é fundamental eleger o momento apropriado para se ter a conversa; não enfatizar as divergências e lembrar que, muitas vezes, o que realmente importa é simplesmente a maneira como falamos. Posto que a escolha das palavras, entonação da voz e expressões adequadas podem ser a estratégia ideal para alcançarmos aquilo que se falássemos de modo grosseiro ou no momento inoportuno não conseguiríamos. Sendo assim, mesmo quando precisamos fazer uma proibição ou até uma reclamação, ao falarmos com equilíbrio temos poder de convencer os outros.

> AS PALAVRAS AGRADÁVEIS SÃO COMO UM FAVO DE MEL, SÃO DOCES PARA A ALMA E REVIGORAM A SAÚDE E A ALEGRIA DE VIVER. (PROVÉRBIOS 16.24)

Um exemplo disso foi um caso que chegou a mim enquanto trabalhava como conselheiro. Tratava-se de uma mãe que espancava os filhos. Ela tinha três crianças pequenas, e todos os dias, por qualquer motivo, dava uma surra neles. Foi quando uma vizinha, que presenciava tudo e não sabia o que fazer, pensou em lhe dizer diretamente: "Se você continuar batendo em seus filhos desse jeito, vou denunciá-la à polícia!". Entretanto, ao saber disso, eu a orientei que agisse com outra estratégia.

Percebi que havia a possibilidade de mediar o caso. Em vez de denunciá-la, ela deveria dizer: "Minha amiga, não faça isso com seus filhos, alguém pode delatá-la para a polícia e você poderia ser presa. Já imaginou a vergonha e o sofrimento que poderia passar na prisão? Consegue imaginar como as mães abusadoras são tratadas pelas outras detentas? Poderiam fazer muita maldade com você!".

Ela falou com aquela senhora de acordo com a orientação que lhe dei e, após essa conversa, a mãe daquelas crianças nunca mais os espancou. Inclusive, passou a ouvir outros conselhos da mulher que havia conversado e a orientado com sabedoria. No entanto, diante de uma situação assim, a vizinha poderia ter seguido dois caminhos diferentes: repreendê-la diretamente ou de modo mais sutil. De uma maneira ou de outra, a mensagem que precisava ser transmitida era a mesma, mas os resultados seriam bem distintos. Sendo que, da primeira, uma rivalidade poderia ter sido gerada. Enquanto a outra possibilitou uma aproximação amigável entre as partes.

Isso ocorreu porque a estratégia usada para falar demonstrou uma preocupação com aquela mãe, assim a mensagem foi transmitida com sucesso, e, além disso, não causou desavenças. Ela conseguiu contribuir para a proteção daquelas crianças, sem se colocar em situação de risco pessoal.

Para garantir uma comunicação saudável, também é importante saber escolher o momento emocional adequado para falar. Até mesmo uma criança sabe que não conseguirá nada de seus pais se pedir algo logo após uma discussão. Por isso, além de

> PORQUANTO, OS MAUS NÃO CONSEGUEM CONCILIAR O SONO ENQUANTO NÃO PRATICAM O MAL; NÃO PODEM DORMIR SE NÃO FIZEREM TROPEÇAR ALGUÉM. (PROVÉRBIOS 15.1)

> MAÇÃS DE OURO COM ENFEITES DE PRATA É A PALAVRA FALADA EM TEMPO OPORTUNO. (PROVÉRBIOS 25.11)

conhecer a pessoa com quem você conversará, é preciso saber o ambiente emocional em que ela se encontra.

As nossas palavras são como sementes, e o momento emocional da pessoa que nos ouve é o solo. Sendo assim, não é suficiente ter boas sementes (estratégias ou conhecimento), se o terreno onde as lançarmos for inapropriado. Precisamos escolher as sementes adequadas para cada solo, uma vez que muitos conflitos são causados quando não estamos atentos às circunstâncias emocionais das pessoas com quem conversamos.

Eu acompanhei o caso de uma professora que soube agir sabiamente em um momento delicado. Havia um aluno em sua turma que não a respeitava, além disso, tinha o comportamento muito indisciplinado e agressivo. Então, ela enviou uma carta à mãe desse menino, convidando-a para uma reunião.

No dia marcado, ela compareceu à escola completamente embriagada e com dificuldade para andar. Como se isso não bastasse, a primeira coisa que disse ao encontrar a educadora foi: "O que é que esse vagabundo aprontou agora, professora?". Sem hesitar, respondeu-lhe: "Convidamos a senhora para lhe dizer que seu filho é maravilhoso, e você está de parabéns!".

Este foi o caminho que ela escolheu seguir ao entender que as estratégias precisavam ser ajustadas de acordo com o ambiente emocional observado. Certamente uma mulher embriagada não está em condições propícias para falar a respeito do mau comportamento do filho. Assim também alguém que vive uma separação conjugal, doença grave na família ou um trauma da violência urbana não está em um momento apropriado para tratar de certos assuntos.

Da mesma forma, é importante considerarmos que as prioridades e interesses das pessoas estão subordinados ao período social ou político que vivem. Em relação à Justiça brasileira, por exemplo, algumas autoridades ficam mais sensíveis na época de Natal. Nesse período, é mais difícil obter prisão preventiva para casos de média gravidade, como golpes e falsificações.

Foi o que aconteceu com um empresário que havia cometido fraudes na administração de um consórcio de veículos, fazendo com que mais de mil pessoas fossem prejudicadas. A Procuradoria da República pediu ao juiz a sua prisão preventiva, pois além do dano provocado, ele continuava a formar grupos de consorciados ilegalmente. No entanto, faltavam duas semanas para o Natal, e o juiz negou o pedido de prisão do fraudador, alegando que não havia motivo suficiente para justificar seu encarceramento com tamanha urgência.

> SE ACORDAS TEU PRÓXIMO LOGO AO ROMPER DA AURORA COM UM GRITO DE "BOM DIA", ESTE TEU CUMPRIMENTO SOA COMO MALDIÇÃO!
> (PROVÉRBIOS 27.14)

Portanto, se buscamos resolver conflitos de maneira inteligente, também é importante considerarmos que as circunstâncias momentâneas podem ressignificar as prioridades. Em outras palavras, devemos ponderar qual seria o tempo mais favorável para tratar cada questão.

Um exemplo disso se deu em 2000, quando instaurei, na Procuradoria da República, uma investigação sobre as máfias de brasileiros que atuavam no exterior. Naquele momento, o crime organizado explorava a prostituição, o trabalho ilegal e o tráfico de drogas. Convidei, então, várias autoridades públicas para participar das atividades em defesa dos emigrantes brasileiros. Mas somente o Ministro da Justiça da época, Dr. Miguel Reale Júnior, interessou-se pela causa, nenhum outro parlamentar demonstrou se importar com o tema.

Porém, quando a novela *América*, que foi ao ar na Rede Globo em 2005, abordou esse assunto, dezenas de políticos se dispuseram a tratar a temática. Naquele momento, abordar esse crime em especial se tornou uma prioridade, uma vez que boa parte da população voltou sua atenção exatamente para isso.

Ainda sobre os conflitos de comunicação, uma boa estratégia para evitá-los é não enfatizar as divergências e procurar soluções inteligentes. Isto é, quando conversamos com as pessoas a fim de resolver alguma questão, devemos,

> QUANDO SE FALA DEMAIS É CERTO QUE O PECADO ESTÁ PRESENTE, MAS QUEM SABE CONTROLAR A LÍNGUA É PRUDENTE. (PROVÉRBIOS 10.19)

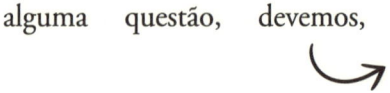

primeiramente, identificar os pontos comuns entre nossas opiniões.

Sendo assim, se dissermos: "Você está errado!", a pessoa a quem nos dirigimos provavelmente se sentirá como nosso adversário, e dificilmente estará disposta a ouvir o que temos a dizer.

Em razão disso, mesmo quando discordamos totalmente de alguém, não é sábio expressar uma contraposição direta, mas usar uma estratégia conciliatória para convidar o outro a rever sua posição. Desse modo, poderemos expor as nossas ideias sem criar um confronto explícito ou salientar as divergências entre nós e a pessoa a quem nos dirigimos.

> O JUSTO MEDITA ANTES DE RESPONDER, MAS A BOCA DOS ÍMPIOS FAZ JORRAR O MAL.
> (PROVÉRBIOS 15.28)

Lembre-se também de que é muito melhor ser ouvido do que apenas falar. Por vezes, queremos voltar a atenção para nós mesmos enquanto expomos nossas ideias, porém, antes disso, é fundamental pararmos para observar e considerar os ouvintes aos quais nos dirigimos. Do contrário, seríamos como pessoas autoritárias, desatentas ou egoístas, que se importam apenas com o que elas mesmas têm a dizer.

> A PESSOA QUE CONSEGUE GUARDAR SUA BOCA PRESERVA A PRÓPRIA VIDA, TODAVIA QUEM FALA SEM REFLETIR ACABA SE ARRUINANDO.
> (PROVÉRBIOS 13.3)

25

> A LÍNGUA DOS SÁBIOS TORNA O ENSINO INTERESSANTE [...] (PROVÉRBIOS 15.2)

Se quisermos influenciar pessoas com sabedoria, devemos levar em conta os seus interesses. Assim, também, é fundamental estarmos dispostos a adaptar a maneira como falamos para que a mensagem seja bem compreendida. É dessa forma que pessoas influentes agem: com humildade e sabedoria.

Descobri que o crime organizado já havia aprendido essa lição quando flagramos, em interceptações telefônicas, criminosos pesquisando a respeito da vida de autoridades para saber a melhor forma de influenciá-las. Em muitos casos, as informações obtidas serviram para que os criminosos adequassem suas teses de defesa ao perfil psicológico do oficial. Com isso, entendo que todas as pessoas estão sujeitas a intervenções individuais, sejam as que ocupam postos muito relevantes ou as que pouco são vistas.

CONFLITOS EMOCIONAIS

Conflitos emocionais são aqueles que têm como objetivo satisfazer um sentimento de soberba ou orgulho, de modo que a emotividade torna os envolvidos cegos para o que é real. Quando há um conflito desta natureza, é até possível termos uma meta em comum, mas o sentimento mau acaba nos impedindo de encontrar uma conciliação, enquanto a causa emocional costuma estar encoberta.

> A ARROGÂNCIA SÓ PRODUZ CONTENDAS [...]
> (PROVÉRBIOS 13.10)

Em situações deste tipo, existem pessoas que sacrificam o seu próprio direito para prejudicar o outro. Eles pensam que se não conseguirem o que querem, o seu adversário também não deve ganhar nada. Isso ocorre porque quem está insatisfeito tem a tendência de criar um sentimento negativo contra aquele que lhe desagradou, é normal que isso aconteça.

Acompanhei um caso real em que uma mulher entrou com uma ação solicitando pensão de alimentos ao ex-marido, a fim de prover sustento para sua filha. Porém, esse homem, pai da menina, ficou inconformado com a requisição e pediu demissão do trabalho, escolhendo sacrificar o seu próprio mantimento a ter de cumprir com sua obrigação. Uma das características mais frequentes dos conflitos emocionais é considerar o prejuízo da parte contrária tão importante quanto, ou até mesmo mais relevante que o benefício que poderia alcançar. É como preferir cortar os dedos a entregar os anéis.

CONFLITOS PATOLÓGICOS

São aqueles cuja motivação é o sentimento de ódio. Em situações assim, é comum haver um posicionamento do tipo: "dou um boi para não entrar em uma briga e uma boiada para não sair dela".

> O ÓDIO PROVOCA CONTENDAS [...]
> (PROVÉRBIOS 10.12)

Conflitos deste tipo são comuns em casos de separação conjugal, especialmente se houver infidelidade. Nesses casos, pessoas agem exclusivamente com base no sentimento de ódio ou rejeição decorrente da traição. Em circunstâncias como estas, nenhum acordo é aconselhável, pois quando os sentimentos estão aguçados, as tentativas de conciliação são infrutíferas, de modo que é necessário aguardar um tempo para que as pessoas possam retornar ao equilíbrio emocional.

Em outro caso que acompanhei, os donos de uma empresa desconfiaram que seu gerente estava desviando produtos. Após uma investigação, confirmou-se a suspeita de furto, uma vez que este foi flagrado no ato criminoso. Depois disso, ele foi humilhado por seus chefes, que o expulsaram da empresa aos gritos na frente de todos os demais empregados, e, em seguida, registraram uma ocorrência de furto na Polícia.

No dia seguinte, o gerente foi até a sede da empresa com um revólver, assassinou seus antigos patrões e, depois disso, cometeu suicídio. Tempos mais tarde, descobriu-se que aquele homem estava passando por uma crise emocional e familiar intensa, a humilhação, junto às ameaças que sofreu, provocou uma reação explosiva.

É justamente por esse motivo que jamais podemos humilhar alguém, mesmo acreditando que existem motivos para isso. É por isso, também, que quando dou palestras para policiais, costumo dizer: "Você pode prender um criminoso de grande perigo e deixá-lo preso por vinte anos, sem que tenha raiva de você. Mas, se der um tapa na cara dele ou humilhá-lo de alguma forma, ele nunca mais irá esquecê-lo!".

> POIS ASSIM COMO BATER O LEITE PRODUZ MANTEIGA, DA MESMA FORMA, UMA PANCADA NO NARIZ FAZ JORRAR MUITO SANGUE E PROVOCAR A RAIVA DE ALGUÉM SÓ PRODUZIRÁ UMA GRANDE BRIGA!
> (PROVÉRBIOS 30.33)

Dentro dos conflitos patológicos estão os de dominação, de aniquilação e os de morte. Aqueles que envolvem uma disputa por poder são chamados conflitos de dominação, são frequentes entre pessoas que mantêm uma relação de maior proximidade pessoal, como irmãos, alunos e professores, ou até mesmo colegas de trabalho. Foi o que aconteceu, certa vez, em um abrigo de crianças e adolescentes. Já eram mais de dez horas da noite e, de acordo com as regras da casa, os meninos deviam se preparar para dormir naquela hora. Então, o monitor pediu aos garotos para desligarem a televisão, mas o líder dos menores respondeu aos gritos: "Se você desligar a televisão arrebento a sua cara, seu..." e terminou essa afirmação com um tremendo de um palavrão.

Embora tenha sido humilhado em público, o monitor manteve uma postura bastante inteligente. Calmamente pediu ao rapaz que o acompanhasse até a sala ao lado e disse: "Querido, sou responsável pelo abrigo, e você não pode me tratar assim. Vou esperar mais dez minutos e você mesmo irá desligar a televisão. Será que pode me ajudar? Caso isso não aconteça, irei transferir o problema para a Polícia Militar. Você é quem decide, tudo bem?". Ele resolveu ceder ao apelo do monitor e eles conseguiram solucionar a situação sem recorrer ao uso de força.

Nesse caso, perceba que a solução do conflito se deu através da concessão de poder. Esta é uma estratégia pacífica que pode resolver muitas situações de crise. Pois, ao conceder poder ao rapaz, que não teria este direito, ele passou a respeitá-lo enquanto autoridade naquele local.

> MUITO MELHOR É O HOMEM PACIENTE QUE O GUERREIRO, MAIS VALE CONTROLAR AS EMOÇÕES E OS ÍMPETOS DO QUE CONQUISTAR TODA UMA CIDADE! (PROVÉRBIOS 16.32)

No relato acima, o funcionário da instituição optou por uma solução pacífica. Conversou em particular com o jovem, em vez de puni-lo acionando a Polícia Militar. Com essa atitude, deixou de desmoralizá--lo perante os colegas. Ele agiu dessa maneira porque identificou o contexto emocional do jovem, que havia sido abandonado pela família, estava carente, sentindo-

-se rejeitado pela sociedade e, além disso, era usuário de drogas. Ao proceder assim, ele restaurou a paz em uma situação de conflito.

Em outro cenário, o monitor do abrigo poderia ter acionado a polícia, o que era seu direito, mas, fazendo isso, possivelmente promoveria um ambiente de hostilidade. Contudo, a solução aplicada resultou não apenas na solução do embate, mas também gerou como consequência uma mudança na postura daquele jovem, que passou a adotar atitudes mais positivas na instituição a partir daquele dia.

Contudo, quando o interesse por trás do conflito é subjugar o adversário, eliminando ou reduzindo seu poder ou influência, trata-se de um conflito de aniquilação. Se um patrão entra em confronto com seu funcionário, por exemplo, com o intuito de provocar a sua demissão, qualquer pequena falha torna-se uma justificativa para dispensá-lo.

Também é o que acontece em algumas famílias, quando a sogra e a nora mantêm esse tipo de embate entre si. Em uma situação como essa, o objetivo de uma não é matar a outra, geralmente a intenção da sogra é provar que o filho a ama mais do que sua própria esposa, enquanto esta quer aniquilar a influência da mãe de seu marido sobre ele.

> PORQUANTO, OS MAUS NÃO CONSEGUEM CONCILIAR O SONO ENQUANTO NÃO PRATICAM O MAL; NÃO PODEM DORMIR SE NÃO FIZEREM TROPEÇAR ALGUÉM.
> (PROVÉRBIOS 4.16)

Disputas desse tipo também podem acontecer entre um professor e um aluno, quando se pretende que ele seja expulso da escola.

Houve um caso em que um empresário corrupto desejava excluir um de seus comparsas de uma concorrência pública. Ele procurou o Ministério Público, e se colocou à disposição para denunciar o esquema, revelando fatos que incriminavam apenas o desafeto. Porém, enquanto isso, ele continuava a participar de projetos deturpados por todo o Brasil. Felizmente, consegui identificar o que realmente estava acontecendo ao envolver todos na investigação. Essas fraudes chegaram a desviar mais de trezentos milhões de dólares por ano, mas, ao final, todos foram presos e processados.

Contudo, é importante lembrarmos que, ao identificar situações desta natureza, não podemos retribuir na mesma moeda as maldades sofridas.

Já os embates em que uma pessoa pretende a morte ou a agressão física de outra são nomeados conflitos de morte, neles pode haver ameaças ou até mesmo tentativas de homicídio.

> JAMAIS DIGAS: "SEGUNDO ME FEZ, ASSIM LHE RETRIBUIREI! DEVOLVEREI A CADA UM CONFORME O MAL QUE LANÇOU CONTRA MIM!".
> (PROVÉRBIOS 24.29)

De acordo com a minha experiência de mais de trinta anos na Justiça brasileira, destaco três fatores que contribuem significativamente para isso: a influência da família e dos amigos, a personalidade do indivíduo e a emoção do momento.

As pessoas recebem influência através do convívio, sendo a família o fator de maior interferência em suas vidas, e os amigos próximos o segundo maior. É por este motivo que pais permissivos ou rigorosos demais podem gerar filhos sem responsabilidade ou revoltados. Ao mesmo tempo, amizades erradas induzem a atitudes violentas.

> O QUE ANDA COM OS SÁBIOS FICARÁ SÁBIO, MAS O COMPANHEIRO DOS TOLOS SERÁ DESTRUÍDO.
> (PROVÉRBIOS 13.20)

Certa vez, um jovem que era bastante responsável e educado fez amizade com um garoto do bairro, conhecido por ser agressivo. O rapaz, influenciado pelo novo amigo envolveu-se em um caso de homicídio e, por conta disso, foi condenado a anos de prisão.

Além deste, outro fator que colabora para a prática da violência é a personalidade do indivíduo. Até porque, receber uma boa educação e ser bem orientado não é o suficiente para definir quem iremos nos tornar, embora isso contribua de forma decisiva para a formação de nosso caráter.

Uma pessoa empreendedora, líder, corajosa e bem organizada chama a atenção por tais características. Entretanto, estes atributos podem dizer respeito tanto a um empresário de sucesso como a um assaltante de bancos. É por conta disso que devemos estar sempre atentos e prontos para orientar as crianças e

> A TOLICE MORA NATURALMENTE NO CORAÇÃO DAS CRIANÇAS, MAS A VARA DA CORREÇÃO AS LIVRARÁ DELA!
> (PROVÉRBIOS 22.15)

os adolescentes, ajudando-os a desenvolverem sua personalidade de modo saudável.

Em outra ocasião, tratei da investigação de três amigos de infância que se reencontraram na época da universidade. Um dia, ao saírem durante a noite, um deles ofereceu cocaína para os demais, um aceitou, mas o outro não. O jovem que recusou, morava em uma república e passava sérias dificuldades financeiras, já o que aceitou, residia com os pais e sua condição financeira era bastante favorável. Anos depois, o rapaz que ofereceu a droga foi condenado por tráfico internacional, cumprindo uma sentença de mais de quatro anos de prisão em uma penitenciária.

Esse caso exemplifica claramente como a influência de familiares ou amigos podem fomentar conflitos. Além desse fator, a emoção do momento também pode ocasionar eventos de violência. Isso, porque a maioria dos crimes não são premeditados, mas acontecem por conta da comoção momentânea.

E é exatamente por essa questão que o consumo de drogas e álcool coopera para a prática de crimes brutais.

> NÃO TE ENTREGUES A CONTEMPLAR A TINTURA AVERMELHADA DO VINHO, QUANDO CINTILA PROVOCANTE NO COPO E ESCORRE SUAVEMENTE! NO FIM, ELE ATACA COMO A SERPENTE E ENVENENA COMO A VÍBORA!
> (PROVÉRBIOS 23.31-32)

Certa vez, uma turma de amigos se reuniu para beber cerveja em um bar. Após ingerir bastante daquela bebida, dois jovens se envolveram em uma discussão. Quando já estavam embriagados, decidiram aguardar até o final da noite e acompanharam os desafetos até um local afastado, onde os atacaram com pedaços de paus e pedras. Uma das vítimas morreu no local.

É comum, também, que os maus ou os tolos fiquem indignados com a ação dos justos, e podem até transformar sua inconformidade em ameaças, inclusive de morte. Por isso, aos que são alvo dessas ameaças, recomendo que tomem isso com seriedade, uma vez que, mesmo uma pessoa incapaz de fazer mal a alguém pode tornar-se agressiva após ingerir algumas doses de bebida alcoólica.

Quem sofre uma ameaça desse tipo precisa tomar medidas de proteção imediatas, como não sair sozinho, evitar locais isolados e não andar pelas ruas à noite. Também é importante identificar e analisar quem fez as ameaças, quando e por quê; assim como conversar com as pessoas que podem ter alguma influência sobre o autor da intimidação e buscar aconselhamento estratégico.

Se não for possível algum tipo de acordo, é preciso registrar a ocorrência na delegacia. É importante que esse documento seja cuidadosamente guardado, e havendo receio de que a ameaça possa se concretizar, deve-se solicitar proteção pessoal à Polícia ou ao Ministério Público por escrito.

Em outro caso no qual trabalhei, uma mulher teve o filho ameaçado de morte por bandidos da favela onde moravam. Isso, porque em um jogo de futebol, ele se desentendeu com um traficante. No mesmo dia, o bando armado se encontrou com o rapaz, e só não o matou porque ele estava com um amigo que conhecia os bandidos, e conseguiu convencê-los a não fazer mal algum naquele momento.

Depois disso, um colega da família pensou em uma estratégia para tratar o caso. Sugeriu que fossem até a outra quadrilha da favela para pedir que ficassem do lado do rapaz. Sendo assim, quando os bandos estavam reunidos em uma praça, em um domingo à noite, o rapaz ameaçado e seu amigo foram até eles e pediram paz. O chefe do bando interveio e disse para o traficante: "Não mexe com ele não, é rapaz trabalhador". Desde aquele momento, deixaram de ameaçá-lo e nunca mais o agrediram.

Um outro caso de conflito patológico sucedeu em uma escola particular, onde um jovem de doze anos levou um soco no rosto e foi ameaçado de morte por outro aluno de quinze anos de idade. Ele ficou com hematomas e teve muito medo de voltar à escola. Quando seu pai soube, pensou em registrar uma ocorrência policial, processar a escola, e até em tirar satisfações diretamente com o agressor.

Considerando esses acontecimentos, sugeri outra solução para a família. Pedi que o filho permanecesse na companhia do pai até que a seriedade da ameaça fosse esclarecida. Uma vez que era preciso investigar as influências familiares e sociais do agressor. Apurou-se, então, que esse adolescente estava passando por uma fase emocional bastante complicada, pois seus pais haviam se divorciado recentemente. Essa era a verdadeira causa do comportamento agressivo do rapaz.

Com base nas informações obtidas, a escola convocou as famílias e os meninos, assim, obteve um acordo muito eficaz, fazendo cessar a situação de violência. Passado um tempo, os dois rapazes tornaram--se amigos. Infelizmente, em diversas situações da vida, podemos estar expostos a ambientes onde a lei e a ordem não são respeitadas. Por isso, é necessário reconhecer o risco e agir com prudência a fim de proteger nossos direitos fundamentais.

CAPÍTULO 2

QUANDO A VÍTIMA É O AGRESSOR

ESTRATÉGIAS PARA A SOLUÇÃO DE CONFLITOS

Para lidar com conflitos e resolvê-los, o primeiro passo é identificar quem são as pessoas envolvidas na situação, assim como as causas e o contexto em que ela ocorreu.

Geralmente, quanto maior o envolvimento emocional com alguém, menor é a capacidade de reconhecer os embates com ela. Por isso, é fundamental estarmos muito atentos aos alertas e conselhos de pessoas em quem confiamos, aqueles que realmente nos conhecem.

Temos de ser cuidadosos e analisar bem as situações quando formos alertados por alguém. Isso não significa que seguiremos todos os

> QUEM DESPREZA A CORREÇÃO CAI NO ESCÂNDALO E NA POBREZA, ENTRETANTO, QUEM ACOLHE A REPREENSÃO É ABENÇOADO COM HONRA! (PROVÉRBIOS 13.18)

> ANEL DE OURO OU COLAR DE OURO FINO É A CENSURA DO SÁBIO PARA O OUVIDO ATENTO. (PROVÉRBIOS 25.12)

conselhos que recebemos, mas, ao menos, iremos avaliar e repensar acerca do tema que nos foi avisado.

Um exemplo da importância disso é o fato de ser comum confiarmos excessivamente em amigos. Porém, ao fazê-lo, corremos o risco de nos tornarmos cegos para alguns fatos a respeito deles, o que pode ser danoso para nós. É claro que isso não significa que nossos amigos sejam pessoas ruins, apenas que não podemos depositar em pessoas uma confiança que é incompatível com a natureza humana.

Além do mais, é fundamental identificarmos, também, como contribuímos para que conflitos sejam gerados. É comum culparmos os outros, sem percebermos nossos próprios erros. Agindo assim, dificilmente encontraremos soluções para

> [...] MALDITO É O HOMEM QUE CONFIA NOS HOMENS, QUE FAZ DA HUMANIDADE MORTAL A SUA FORÇA E MOTIVAÇÃO, MAS CUJO CORAÇÃO SE AFASTA DO SENHOR! (JEREMIAS 17.5)

os problemas. Por este motivo devemos avaliar a nós mesmos, perguntando a Deus onde temos falhado, e pedir que Ele nos ajude a lidar com as dificuldades de acordo com a Verdade. Foi exatamente esta a oração feita por Davi em Salmos 139.23-24: "Sonda-me, ó Deus, e conhece o meu coração; prova-me, e conhece os meus pensamentos. E vê se há em mim algum caminho mau, e guia-me pelo caminho eterno".

Quando repensamos nossas atitudes inadequadas, evitamos que elas se repitam no futuro. Justamente por esse motivo é tão importante conversarmos sobre as nossas dificuldades com pessoas sábias e confiáveis, assim poderemos obter suporte para abandonar práticas que desagradam o coração de Deus. Em um dos casos que acompanhei aconteceu que dois amigos que não se viam há alguns anos acabaram se encontrando no Tribunal. Um deles tornou-se juiz, e estava entrando em uma audiência, quando, de longe, seu antigo amigo gritou: "Raposa, quanto tempo!". O juiz se sentiu muito humilhado ao ser chamado em público por seu apelido de infância. Já seu antigo amigo tentou, por várias vezes, fazer contato com ele, mas não obteve sucesso. É muito provável que aquele homem tenha pensado que seu amigo havia se tornado uma pessoa orgulhosa, pois provavelmente não percebeu seu equívoco ao chamá-lo de forma indevida no ambiente em que estavam.

Por isso costumo dizer que para apagar um incêndio é preciso identificar onde está o fogo, não a

> QUEM CAMUFLA SUAS FALTAS JAMAIS ALCANÇARÁ O SUCESSO, MAS QUEM AS RECONHECE, CONFESSA E ABANDONA, RECEBE TODA A COMPAIXÃO DE DEUS!
> (PROVÉRBIOS 28.13)

fumaça. Quando ocorre um incêndio em uma casa, por exemplo, e a fumaça sai pela janela da sala, é comum que as pessoas que estão vendo do lado de fora suponham que o foco do problema esteja ali na sala, enquanto, na verdade, está em outro ambiente, como na cozinha ou no quarto. Algo semelhante a isso acontece em situações conflituosas. Muitas vezes, vemos o resultado em um lugar, enquanto a causa está em outro, mas somente quando agimos sobre a causa extinguiremos a "combustão" por completo.

Imagine que, de repente, você percebeu que seu chefe está agindo de forma agressiva. Ou um amigo rompeu as relações com você sem motivo aparente. Certamente tal comportamento foi causado por algum fator que não está claro. Por isso, antes de se sentir ofendido, ou até de discutir com essas pessoas, procure identificar a causa do posicionamento hostil em relação a você.

> SEM LENHA O FOGO SE APAGA, SEM O CALUNIADOR ENCERRA-SE A BRIGA.
> (PROVÉRBIOS 26.20)

Em uma escola do Paraná, um aluno de catorze anos agia de forma bastante agressiva com a professora. Após uma discussão, abaixou as calças na presença de todos os alunos da sala e lhe mostrou os órgãos genitais. Por conta desta conduta, ele foi suspenso das aulas.

O policial militar que fazia a proteção da escola tomou conhecimento dos fatos no dia seguinte. Ele havia participado de uma palestra que eu havia proferido sobre "Indisciplina e Criminalidade Infanto--Juvenil". Um dos alertas mais importantes que faço é que, toda vez que um aluno pratica uma indisciplina grave na escola é porque já foi ou está sendo vítima de alguma violência ou abuso. O policial comunicou à diretora da escola sua suspeita e que seria necessário investigar, também, o que estava acontecendo com o aluno, e não apenas puni-lo por sua indisciplina. Entretanto, a diretora não deu atenção ao policial, e não seguiu suas orientações. Ao perceber a omissão da escola, ele decidiu investigar o ocorrido, e após algum esforço, descobriu que um adulto de trinta anos, vizinho da família, abusava sexualmente daquele garoto há mais de um ano. Além disso, seus irmãos mais velhos o obrigavam a praticar furtos em residências e entregar a eles o produto do crime.

Após mais de trinta anos de experiência em casos de violência e criminalidade infanto-juvenil, posso afirmar com segurança que, de fato, todas as vezes que uma criança ou adolescente pratica uma indisciplina grave é sinal de que já sofreu ou ainda padece algum tipo de abuso ou violência. Talvez isso não esteja mais acontecendo, porém, mesmo que o abuso ou agressão tenham ocorrido há algum tempo, as marcas na vida de uma pessoa que passou por esse tipo de situação podem durar por anos ou até por toda a vida.

É possível também que algumas crianças e adolescentes não sejam vítimas diretas de violência, contudo presenciam cenas de agressão física ou verbal contra outras pessoas em suas casas. Isso pode ser causa de graves transtornos psicológicos, que geram, por sua vez, comportamentos inadequados.

Na maioria das vezes, quando esses jovens agem de forma indisciplinada, é comum que eles sejam punidos de imediato, como se essa fosse a solução para o problema. Mas conflitos dessa natureza normalmente têm causas de fundo emocional, familiar ou social. Portanto, é necessário identificá-las o quanto antes, pois muitas vezes estão encobertas.

> O INÍCIO DE UM DESENTENDIMENTO É COMO A PRIMEIRA RACHADURA NUMA ENORME REPRESA [...]
> (PROVÉRBIOS 17.14a)

Certa vez, um jovem de vinte e cinco anos foi preso em flagrante por tráfico de drogas. Ele foi encontrado com uma balança de precisão, um quilo de maconha e quinhentos papelotes de cocaína. Essa fora sua primeira ocorrência policial, e sua postura ao chegar na delegacia foi extremamente arrogante. Embora os policiais o tenham tratado com respeito, ele gritava, exigindo a presença de seu advogado. Quando foi transferido para a penitenciária, não mudou sua conduta. Pelo contrário, tornou-se um agiota na prisão, passou a liderar os detentos, aprendeu a clonar celulares, e virou um criminoso muito habilidoso.

Ao analisar o acontecimento detalhadamente, descobri que a maneira como o rapaz se comportava era fruto direto da educação permissiva e superprotetora do pai, que atendia todas as suas vontades desde a infância. A prisão em flagrante, que poderia ter sido aproveitada como uma oportunidade de correção para o rapaz, foi considerada uma injustiça pelo pai. Ele dizia: "Meu filho está na faculdade e só tem vinte e dois anos. O juiz tem de levar isso em consideração. Ele não tem antecedentes criminais, e estava com apenas um quilo de maconha".

Em uma situação como essa, seria importante que o pai do jovem condenado desse apoio moral e psicológico ao filho. Só que, em vez de ajudá--lo, reconhecendo a gravidade do crime, sua família tentou justificar suas atitudes e, assim, tiraram-lhe a oportunidade de tomar consciência da gravidade de seu ato. Não estou sugerindo que o rapaz tenha de sofrer, mas, sim, repensar seu mau comportamento.

Como resultado direto da postura da família, o rapaz sentiu-se injustiçado e perseguido, tornando--se ainda mais intenso em sua rebeldia. Um fato interessante acerca desse acontecimento é que o pai do jovem era promotor de justiça. Como se diz: "Em casa de ferreiro o espeto é de pau".

Considerando esse cenário, entendemos que o rapaz não foi unicamente o culpado pelos crimes cometidos, uma vez que seus pais participaram disso, mesmo que indiretamente.

Em outro caso, certa mulher denunciou seu marido na delegacia alegando agressões físicas. Ela chorava, tinha hematomas em seu corpo e demonstrava bastante receio de voltar para casa. Então, os policiais o prenderam, também, em flagrante. A princípio, os fatos pareciam confirmar as alegações da mulher, entretanto descobrimos que, embora seu marido realmente a tenha agredido, ela o tinha atacado antes. Ambos estavam errados, de modo que não poderíamos punir apenas o esposo, uma vez que a vítima era igualmente agressora e tinha de ser devidamente contida e orientada, do contrário o conflito não seria inteiramente resolvido.

Não podemos ter como certa a primeira impressão, é preciso olhar além das aparências. Em muitos quadros de violência doméstica, há causas emocionais e sociais encobertas que necessitam ser analisadas. Sem avaliar tais circunstâncias, a punição ao agressor pode até mesmo acentuar o problema.

Havia um homem bastante violento com sua mulher e filhos. Ele era alcoólatra e estava desempregado. A esposa, já cansada da situação, denunciou-o à polícia. Ele foi preso, humilhado na delegacia e proibido de retornar para a casa. Passados alguns dias, foi colocado em liberdade. Ao voltar, ateou fogo em sua própria casa, matando tragicamente seus três filhos carbonizados.

As circunstâncias em que ele se encontrava, de tamanha humilhação, deveriam ter sido consideradas antes de colocá-lo em liberdade. Pois, ao fazê-lo, a polícia deixou de oferecer segurança à família. Se não era possível dar garantia à eles, o adequado teria sido enviar a mulher e as crianças para um abrigo em outra cidade e, então, realizar o estudo social do caso.

É preciso bastante sabedoria ao cumprir a lei; colocar sobre a mesa todas as possibilidades de solução do conflito, sejam elas amigáveis ou não. É comum que a melhor saída não esteja em apenas uma medida, mas em várias ações adotadas em conjunto. Procurar um advogado ou alguém com experiência no assunto para auxiliar nesta tarefa é muito importante.

> ONDE NÃO HÁ CONSELHO FRACASSAM OS BONS PLANOS [...] (PROVÉRBIOS 15.22a)

Também é necessário buscar informações em departamentos, como a polícia, a justiça, a imprensa, entre outros órgãos públicos e privados sobre o que pode ser feito em determinadas situações. Além disso, é essencial atentar-se às características das pessoas envolvidas no problema: sua profissão, nível econômico, local de residência, estilo de vida, personalidade, caráter e aspectos familiares. Do mesmo modo, é fundamental considerar se existe a possibilidade de processar ou ser processado judicialmente, registro de ocorrência policial, além do interesse econômico da causa. Ademais, temos de verificar se há ocorrências semelhantes registradas nas delegacias de polícia ou em notícias de jornal.

Depois disso, é necessário decidir como a questão será solucionada. A melhor opção é priorizarmos as alternativas amigáveis até que elas sejam esgotadas.

Tudo deve ser feito com estratégia, considerando quais seriam os prováveis resultados de cada medida. Algumas vezes, é necessário recorrer à Justiça ou à polícia para convencer a parte contrária a fazer um acordo. Já em outros, isso não será necessário. Cada situação deve ser analisada individualmente.

Nessa fase, é aconselhável que as pessoas diretamente envolvidas no conflito sejam representadas por terceiros, como advogados ou amigos. Uma vez que geralmente quem está vivendo um processo desse tipo é suscetível a ser tomado pela emoção. Porém, com a interposição de outra pessoa, evita-se que os ânimos sejam exaltados entre as partes, e as chances de um acordo amigável se tornam maiores.

> A PESSOA QUE SE MANTÉM CALMA DÁ PROVA DE GRANDE SABEDORIA [...] (PROVÉRBIOS 14.29)

É recomendado considerar também as ciladas sociais. Trata-se de ocasiões em que alguém tem toda a razão, mas as aparências ou circunstâncias são contrárias a ela. Quando isso acontece, é melhor ceder, como diz o ditado popular: "É melhor entregar os anéis do que perder os dedos".

> [...] A PESSOA PRUDENTE IGNORA O INSULTO. (PROVÉRBIOS 12.16b)

Quando passamos por uma *blitz* da polícia, por exemplo, estamos em uma cilada social. Portanto, é fundamental considerar que as autoridades estão sob forte tensão emocional em razão dos riscos da atividade, especialmente quando há uma situação de criminalidade em curso, ao mesmo tempo em que fiscalizam os carros. Há uma grande chance de sermos multados, principalmente se encontrarmos um policial rigoroso.

Contudo, pessoas que tratam os policiais com educação e respeito normalmente recebem o mesmo tratamento. Eles são muito razoáveis, e não desejam causar mal a ninguém. Mas como estão em um cenário emocional intenso, é possível que tenham os ânimos exaltados, o que se aplica tanto aos oficiais como ao cidadão que foi parado na *blitz*. Se a pessoa é agressiva ou desrespeitosa com eles, está sujeita a ser enquadrada.

> TODOS DEVEM SUJEITAR-SE ÀS AUTORIDADES SUPERIORES; PORQUANTO, NÃO HÁ AUTORIDADE QUE NÃO VENHA DE DEUS [...]
> (ROMANOS 13.1)

Também está em cilada social aquele que se encontra fora de seu país de origem. Estrangeiros sempre são mais vulneráveis a julgamento por parte de autoridades nativas do país onde estão. Por isso, quando estiver em outro território, evite conflitos, pois mesmo que você tenha toda a razão, é mais provável que seja expulso do país do que protegido pela lei.

> O PRUDENTE PERCEBE O PERIGO E BUSCA REFÚGIO; O INCAUTO, CONTUDO, PASSA ADIANTE E SOFRE AS CONSEQUÊNCIAS.
> (PROVÉRBIOS 22.3)

Certa vez, quando faltavam minutos para a decolagem de um voo internacional, uma comissária de bordo e um passageiro se desentenderam, envolvendo-se em uma breve discussão. Em seguida, ela relatou o ocorrido ao piloto de acordo com sua versão – provavelmente um pouco distorcida, uma vez que seus ânimos estavam exaltados por conta do confronto. Passados alguns minutos, o comandante, visivelmente nervoso, dirigiu-se ao passageiro e, aos gritos, pediu-lhe explicações.

Como o viajante percebeu que estava em uma cilada social, permaneceu mudo. Isso, porque ele sabia que o piloto tinha autoridade para retirá-lo do avião, de modo que corria o risco de ser expulso da aeronave, mesmo que não houvesse nenhuma justificativa plausível para isso. Sendo assim, ele preferiu "engolir alguns sapos" a perder a viagem.

Antes de tomar qualquer atitude, você precisa avaliar todas as circunstâncias legais, políticas, sociais e emocionais que influenciam o ambiente e, assim, calcular as possíveis consequências de suas escolhas. Se agir tomado pela emoção em vez de pensar de maneira estratégica, você pode ser gravemente prejudicado, pois existe a possibilidade de que as pessoas distorçam os fatos e lhe transformem em réu. É justamente por conta disso que as vezes não convém exercer um direito se isso lhe custar a paz.

Outro tipo de situação em que as coisas não são exatamente como aparentam é quando tentamos ajudar uma pessoa orgulhosa, pois é comum associar pobreza e miséria à humildade, o que é um grande equívoco. Ser humilde diz respeito à qualidade do caráter, e não à condição econômica. Portanto, existem muitas pessoas ricas que são humildes, assim como aquelas que são pobres e orgulhosas.

Quase todas as vezes que ajudamos uma pessoa orgulhosa, acabamos conquistando um inimigo. Por isso, precisamos ter cuidado ao fazer isso, especialmente ao se tratar de familiares ou pessoas próximas, que podem aproveitar-se da confiança que temos neles para fazer o que não é correto. Existem muitos que quando estão em necessidade parecem ser humildes e pedem favores, contudo, depois que superam a dificuldade, revelam seu verdadeiro caráter orgulhoso. Uma pessoa assim acabará fazendo com que o favor realizado se volte contra quem o praticou, além de virar sua inimiga.

> VÊS UMA PESSOA SÁBIA AOS SEUS PRÓPRIOS OLHOS? CERTAMENTE HÁ MAIS ESPERANÇA PARA O TOLO DO QUE PARA ESSA PESSOA.
> (PROVÉRBIOS 26.12)

Um exemplo disso aconteceu com uma mulher que contratou os serviços de uma empregada doméstica. Como a funcionária era muito pobre, pediu à sua chefe que não descontasse a previdência social de seu salário. Desconhecendo suas obrigações legais, a patroa concordou com a solicitação e, em vez de pagar a contribuição mensal ao INSS, entregava o dinheiro para sua contratada. Após dez anos de trabalho, a empregada pediu demissão e processou a ex-patroa, solicitando seus direitos com juros e correção, afirmando que não havia recebido aquilo que era seu.

Com isso, enfatizo que jamais devemos agir em desacordo com a lei, mesmo que tenhamos o desejo de ajudar uma pessoa em necessidade. Além disso, ressalto a importância de ter conhecimento a respeito de nossos direitos e deveres; e sempre levarmos em conta a situação geral, uma vez que a verdade pode não estar de acordo com o que as aparências apontam.

CAPÍTULO 3

PAI AMIGO, FILHO PROBLEMA

CONFLITOS FAMILIARES

CONFLITOS NA FAMÍLIA

O conceito de família mudou muito. Há pouco tempo, era comum considerar que a família era composta por mãe, pai e filhos. Mas essa não é mais a realidade social hoje, uma vez que o conceito sobre essa instituição se modificou, incluindo todo o núcleo afetivo ou consanguíneo de pessoas. Algumas famílias são constituídas apenas por mãe e filhos, outras por pai e filhos. Às vezes, são os tios, avós ou padrinhos os responsáveis pela criação de crianças e adolescentes.

Há ainda certos contextos em que empregadas domésticas ou babás são englobadas no conceito de família. Aliás, é possível que essas profissionais tenham mais intimidade com os familiares do que muitos parentes. Além disso, a influência delas, seja positiva ou negativa, é bastante significativa. Elas acabam tendo informações a respeito de assuntos confidenciais de seus patrões e, às vezes, tornam-se até conselheiras deles.

Tamanho é o vínculo que alguns casais desenvolvem com suas empregadas, que muitos, ao se separarem, entram na disputa para que elas os acompanhem. Algumas crianças, quando aprendem a falar, chamam a babá de "mamãe", pois convivem mais com ela do que com a própria mãe.

CONFLITOS CONJUGAIS

Para pensarmos acerca deste assunto, faz-se necessário ponderar a respeito dos níveis de intimidade que os cônjuges mantêm entre si. A influência da mulher sobre o marido é muito grande. Talvez ela não perceba esse fato, pois, diversas vezes, ao tentar convencer o marido de uma situação, a conversa gera discussão e atrito, e mesmo que ele acabe concordando com sua posição, ela não se sente emocionalmente satisfeita. Com o passar dos anos, a sensação é a de que o marido não está de acordo com nada do que ela diz, embora faça tudo o que ela quer.

> [...] E UM GOTEJAR CONTÍNUO [SÃO] AS CONTENDAS DA MULHER. (PROVÉRBIOS 19.13 - ACF)

A esposa deve estar bastante atenta quanto à grande influência que tem em relação ao marido e nunca deve estimular ou exigir que ele tenha atitudes agressivas, mas deve buscar acalmar os ânimos em situações de risco. Agindo assim evitará muitos conflitos, e pode até salvar vidas.

Certa vez, um casal estava dentro de um automóvel em um posto de gasolina, quando repentinamente sofreram uma colisão causada por outro veículo. Por ter sido uma batida leve, o esposo não se preocupou em descer do veículo, certo de que não havia sofrido nenhum dano. A mulher, porém, considerou a atitude dele um ato de covardia, e exigiu que ele fosse tirar satisfações com o motorista do outro carro; depois de tanta insistência ele acabou indo. Não temos detalhes da discussão; o que sabemos é que depois disso o outro motorista sacou uma arma de fogo e disparou contra o homem, matando-o e fugindo em seguida.

Uma tragédia como essa nos alerta para o fato de que temos de estar bastante atentos ao que dizemos e como agimos. Pois, segundo Provérbios 18.21, "A língua tem poder sobre a vida e sobre a morte [...]". Portanto, seja em uma situação que envolve outros, como relatei, ou em momentos em que estão presentes somente o marido e a mulher, é necessário cuidarmos de nossas palavras e atitudes, especialmente quando há conflitos. Dizer algo de modo violento pode causar um trauma maior que uma agressão física. É comum ouvirmos: "Preferia receber um tapa na cara a ouvir as coisas horríveis que ele me falou". Isso, porque a memória afetiva da mulher é baseada no que ela ouve. Este é um dos motivos pelos quais muitas mulheres não percebem situações claras de falta de interesse de seu parceiro. Embora o comportamento do homem revele seu descaso, se elas continuam a ouvir palavras de amor tornam-se cegas à realidade, isto é, à maneira de agir do homem. Ele pode se portar de maneira evidentemente hostil, porém o que prevalece é a memória afetiva do que escutaram. Considerando isso, você, homem, ao falar com sua esposa, tenha muito cuidado para não proferir palavras agressivas.

> A RESPOSTA BRANDA DESVIA O FUROR [...] (PROVÉRBIOS 15.1a)

CONFLITOS COM CRIANÇAS E ADOLESCENTES

Em relação aos filhos menores, algo crucial é ouvir tudo o que eles têm a dizer. Ao permitir que os jovens exponham seu ponto de vista, seu nível de autoridade e influência sobre eles cresce. Por mais que ambientes de comunicação plena entre as pessoas sejam mais complexos para administrar, permitem a imediata identificação e encaminhamento de situações mal resolvidas.

Também é fundamental conhecer as áreas de interesse de seus filhos, saber o que eles gostam de fazer, as pessoas que admiram, suas preferências em relação a comidas, entretenimento, entre outros pontos. Precisamos detectar tudo o que atrai sua atenção a fim de conhecê-los melhor e orientá-los com conselhos sábios.

Além disso, é preciso estabelecer regras claras, apresentá-las e explicá-las de forma perfeitamente acessível a eles. Não se esqueça de que você tem muito mais experiência e maturidade do que uma criança ou adolescente, portanto pode ser que algumas coisas que são óbvias para você não estejam tão claras para eles, sendo necessário gastar tempo esclarecendo as normas de conduta.

> QUE TODAS ESTAS PALAVRAS QUE HOJE TE ORDENO ESTEJAM EM TEU CORAÇÃO! TU AS ENSINARÁS COM TODO O ZELO E PERSEVERANÇA A TEUS FILHOS. CONVERSARÁS SOBRE AS ESCRITURAS QUANDO ESTIVERES SENTADO EM TUA CASA, QUANDO ESTIVERES ANDANDO PELO CAMINHO, AO TE DEITARES E AO TE LEVANTARES.
> (DEUTERONÔMIO 6.6-7)

Em certa ocasião, durante uma reunião de família, uma criança de quatro anos de idade disse para a tia: "Você é uma p***!" Por conta de sua indisciplina, a mãe dele lhe deu uma surra. Contudo, a verdade é que o menino não compreendia o significado do que havia dito. Ele se questionava: "Mas, se é errado falar isso, por que a mamãe diz essa palavra tantas vezes?". O que realmente estava acontecendo é que o pequeno reproduzia o que seus pais falavam em casa, especialmente quando brigavam ou discutiam.

O que muitos pais e mães fazem com as crianças é um completo absurdo. Repentinamente estabelecem punições severas para condutas que os pequenos sequer entendem o significado. É como se um dia você estacionasse seu veículo em um local – no qual não havia placa alguma sinalizando que é proibido parar ali – e um policial o algemasse e o conduzisse à delegacia. Não haviam lhe alertado que estacionar o veículo ali era proibido, nem que havia uma nova lei que pune com prisão quem o faz. Então provavelmente você questionaria: "Mas eu nem sabia que esta lei existia, como eu poderia obedecê-la?".

É mais ou menos isso o que algumas pessoas fazem com seus filhos. Nós devemos cuidar para não agir dessa maneira em momento algum. Antes de repreendê-los por qualquer conduta indevida, é preciso estabelecer as regras com clareza e as explicar muito bem. Feito isso, é importante que os pais não descumpram essas normas, portanto é necessário refletir muito bem antes de determinarem as regras de convivência para crianças e adolescentes. Os pais precisam ser os primeiros a cumprir as normas que exigem dos filhos menores, pois, ao abrir exceções, colocam em risco tudo quanto foi combinado anteriormente.

Os filhos sempre estão atentos às atitudes de seus pais e, quando encontram alguma brecha, acham que têm o direito de fazer o mesmo. Além disso, se a mãe nega algo ao filho, por exemplo, certamente ele irá procurar o pai e questionar a proibição, desejando que esta seja anulada. Fazem o mesmo com o pai, caso ele seja o autor da restrição.

Sendo assim, mesmo quando você discordar totalmente da decisão tomada por seu cônjuge, não revele isso a seus filhos. Jamais tire a autoridade dele(a) diante dos pequenos. Se você não estiver de acordo com sua posição, busque dialogar com ele até que cheguem a um consenso. Mas vocês dois devem resolver essas questões entre si, longe dos olhos e ouvidos de seus filhos.

Devemos ser um exemplo vivo daquilo que recomendamos. Reforço que quem estabelece as regras precisa, necessariamente, ser o primeiro a respeitá-las. Afinal, com que autoridade pais que mentem quando lhes convém poderão exigir que seus filhos falem a verdade? Como pedirão honestidade a eles se estão sempre tentando obter vantagem sobre outras pessoas? De que forma serão contra o consumo de drogas se se embriagam todo final de semana? Ou como exigirão respeito se a mãe é a primeira a dizer ao filho que ele "não presta para nada?".

Esteja certo de que as pessoas aprendem muito mais com nosso exemplo do que com nossas palavras. Assim, também, as regras que os filhos mais obedecem são aquelas que os pais respeitam.

Outro ponto a ser levado em consideração ao educar crianças e adolescentes é entender que, se comparado a um adulto, eles têm uma compreensão totalmente diferente do tempo. Isso, porque estão em fase de desenvolvimento físico, biológico e psicológico, e ainda não têm uma noção precisa sobre essa questão.

A razão para isso é simples: até pelo menos os doze anos de idade, as estruturas biológicas do cérebro humano ainda estão em formação. Ou seja, algumas de suas funções ainda não foram desenvolvidas por completo. De modo metafórico, posso dizer que a percepção do tempo é diretamente proporcional aos anos de vida. Pois guardamos fatos a partir dos quatro ou cinco anos de idade, portanto um jovem de catorze anos tem, no máximo, dez anos de memória de vida.

Considerando nosso desenvolvimento psicológico, e entendendo que isso tem um papel decisivo em nossa compreensão do tempo, podemos entender que um ano de vida para um adolescente de doze anos, por exemplo, é muito mais intenso que a mesma quantidade de tempo para um adulto de trinta anos de idade. Tanto é verdade que é comum pessoas de quarenta anos manterem amizade com outras de trinta, mesmo havendo uma grande diferença de idades entre elas. Mas, é muito raro encontrarmos um adolescente de quinze anos tendo como amigo alguém de doze.

Devido a isso, o tempo de internação (nome dado para a prisão de adolescente infrator em casos mais graves) não pode ser mensurado com a mesma medida aplicada a um adulto. Em outras palavras, três anos de prisão são muito mais significativos para um adolescente de treze anos do que para um adulto de trinta anos.

Assim, também, a compreensão do tempo é totalmente diferente para as crianças. É por essa razão que quando meu filho Pedro tinha quatro anos de idade costumava dizer: "Eu não gosto de depois, agora é melhor para mim". Expressões como "no próximo final de semana", "daqui a um mês" ou "quando você tiver onze anos" não fazem o menor sentido para as crianças. Portanto, ao aplicar uma medida disciplinar a menores de doze anos de idade, o efeito deve ser imediato.

Se um de seus filhos bate no irmão, por exemplo, não lhe recomendo dizer: "Você não irá ao clube no final de semana porque machucou seu irmão menor", pois ele não irá relacionar a indisciplina – comportamento agressivo com o outro – à medida disciplinar, isso é, não ir ao clube no final de semana. De modo que se os pais não levarem o pequeno ao clube, ele provavelmente não perceberá que está lidando com a consequência de sua má escolha, mas se sentirá injustiçado.

> CORRIGE O TEU FILHO, E ELE TE DARÁ DESCANSO [...] (PROVÉRBIOS 29.17a)

Minha recomendação é que a medida disciplinar aplicada a crianças e adolescentes seja de efeito imediato. Na situação descrita anteriormente, eu consideraria alguma proibição relacionada a algo que ele gostaria de fazer naquele mesmo dia, por exemplo: "Você não irá jogar *videogame* hoje, pois machucou seu irmão".

Assim, ele compreenderia perfeitamente a medida disciplinar aplicada.

Muitos pais e mães dizem: "Eu criei todos os meus filhos da mesma maneira, eduquei cada um deles de forma igual". Com isso, querem dizer que todos eles receberam sua atenção e carinho igualmente.

Contudo, imagine um fazendeiro que cuida de diversas plantas, ele as conhece e sabe que cada uma precisa de algo específico. Umas necessitam de mais água, outras de mais adubo. Para que cresçam árvores saudáveis em sua fazenda, ele precisa conhecer as características de cada espécie e entender quais são suas necessidades particulares. Há plantas que são mais resistentes, enquanto outras são mais frágeis. Já imaginou o que aconteceria se o jardineiro decidisse tratar todas as plantas da mesma maneira? Certamente ele teria muitos prejuízos.

De modo semelhante, é essencial reconhecer a individualidade de cada pessoa e cuidar dela de acordo com suas necessidades específicas. Os pais devem dar aos filhos uma educação conforme o caráter, a capacidade e a personalidade de cada um deles. Se o pai educar a todos exatamente da mesma forma, não suprirá o que cada um deles carece.

Se um filho é mais calmo que o outro, ou tem mais facilidade para aprender sobre determinado assunto, isso não significa que ele é melhor que seu irmão. Eles simplesmente são pessoas diferentes. Além do mais, devemos considerar as mudanças e aprendizados ao longo da vida. É possível que uma habilidade ou característica excelente na infância se transforme em um peso na vida adulta, assim como um aspecto ruim de um menor pode se transformar em um mérito para ele quando for mais velho.

Uma pessoa com características de empreendedorismo e liderança, que é corajosa e organizada, pode tornar-se tanto um empresário de sucesso como um assaltante de bancos. A diferença entre eles é que um canalizou sua personalidade para o bem e o outro para o mal. Por isso, é importante estarmos atentos para reconhecer as particularidades de cada jovem e encaminhá-los para atividades socialmente produtivas.

O primeiro conselho que lhes dou a esse respeito é que preservem a memória afetiva de seus filhos, ela é bastante significativa para os pequenos. Justamente por conta disso, sempre que palestro para famílias, faço a seguinte recomendação às mulheres: "O seu marido pode ter muitos defeitos, mas o pai de seus filhos é sempre maravilhoso!".

O mesmo é válido para os homens: "A sua esposa pode ter muitos defeitos, mas a mãe de seus filhos é sempre uma mulher incrível!". Você nunca deve ferir a imagem que uma criança tem a respeito de seu pai ou de sua mãe.

Em segundo lugar, aconselho que você enxergue o professor de seu filho como seu maior aliado. Se quer saber como uma criança ou um adolescente se comporta em sua ausência, pergunte ao mestre deles. As orientações e alertas que eles dão às famílias são de extrema relevância. Especialmente porque, na ausência de seus responsáveis, os adolescentes podem ser instigados por terceiros a terem diversos comportamentos indesejáveis, como o consumo de drogas, pornografia, prática de violência, entre outros.

É importante identificar as influências sobre seus filhos o quanto antes. Infelizmente, muitas famílias descobrem tarde demais que seus filhos estão envolvidos com más companhias. Portanto, acredite, o professor é o seu maior aliado no que diz respeito à educação de suas crianças, pois, além de poder observar o comportamento deles quase todos os dias, é capaz de alertar sobre situações de risco que observa em meio aos menores de modo geral.

Houve um caso real, em uma escola de classe média, em que os professores sabiam que uma aluna de dezesseis anos estava se prostituindo. A adolescente contava para as amigas que fazia "programas", e todos na escola sabiam da situação de risco em que ela se encontrava, menos os pais. No entanto, eles não davam liberdade para que os educadores lhes dissessem a verdade, pelo contrário, eram muito agressivos, e não aceitavam orientação alguma dos profissionais da escola; preferiam confiar totalmente na palavra da filha, sem saber que ela mentia para eles.

Aconselho que você espere para se tornar amigo de seu filho quando ele for adulto, pois é fundamental manter uma postura de pai ou mãe, isto é, de autoridade, e não de um igual. Lembre-se de que eles precisam encontrar em vocês uma referência sadia. Isso não o impede de ser amigável ao falar com eles e lhes aconselhar. Inclusive, quando seu filho sofrer emocionalmente pelos erros que cometer, esteja ao seu lado, confortando e encorajando-o a superar suas dificuldades, mas jamais justifique os erros praticados. A principal característica do pai ou mãe amigos é legitimar tudo o que o filho faz, tanto as coisas certas como as erradas, e este é um erro bastante grave.

Os adolescentes são verdadeiros atores. Na presença dos pais costumam representar um personagem, enquanto entre os amigos, na escola ou em festas, agem de forma completamente diferente. Quem lida com eles com frequência entende que isso é comum. Porém, muitos pais ainda não perceberam esse fato e acabam confiando demais em seus filhos, fechando os olhos para algumas verdades. Mas o que precisa estar claro é que a maior prova de amor de um pai é permanecer atento e vigilante ao filho menor, o que, sim, é trabalhoso, no entanto, o resultado compensa todo o esforço empregado. Portanto, não queira elogios de seu filho enquanto ele é adolescente, aguarde para recebê-los quando ele for adulto e tiver maturidade e vivência suficientes para se posicionar com sabedoria.

Atente-se para algumas características dos pais amigos:

- Eles acreditam que vasculhar a mochila ou o armário do filho adolescente é uma invasão de privacidade. Já o pai que ama pode e deve fazer isso a fim de saber se está tudo bem e ele não está envolvido em atividades suspeitas.

- Sempre tomam a palavra do filho como verdade e, mesmo se o professor os alertarem sobre indícios de que ele está usando drogas, não confiam nas palavras dos educadores, mas consideram isso uma calúnia e chegam a ameaçar processar a escola. Porém, os pais que amam verdadeiramente seus filhos levam a sério os avisos que recebem de pessoas confiáveis e, por mais que a suspeita não se confirme, aproveitam a situação como uma oportunidade para conhecer melhor a vida do filho.

- Pais amigos acordam pela manhã e confiam que o adolescente retornou para casa no horário combinado, enquanto aqueles que amam dormem somente quando ele estiver no lar.

- Pessoas desse tipo raramente encontram defeitos em seus filhos, ainda que eles andem com usuários de drogas e "vagabundos"; sempre os consideram incríveis e perfeitos. Mas os que amam, entendem que há algo errado quando os melhores amigos deles têm um comportamento suspeito.

Alerto-lhes para esses aspectos, pois minha experiência na Justiça revela algo muito preocupante: quando os pais amigos desconfiam que o filho está usando drogas, é porque ele já está traficando há muito tempo.

Uma vez, um amigo me pediu para conversar com o filho dele, pois suspeitava que o adolescente era usuário de drogas. Então, fui até sua casa e conversei com o rapaz e sua família. Foi quando percebi os sinais exteriores denunciando claramente sua imersão em um ambiente de "malandragem". Os pais não sabiam, mas ele tinha tatuado um dragão enorme que cobria toda sua barriga. Toda a vizinhança tinha conhecimento de que o menino participava de ações criminosas, sendo que ele não apenas estava envolvido com o tráfico drogas, como também fazia pichações, pequenos furtos e era parte de uma quadrilha. Tudo isso bem debaixo dos olhos da família.

É interessante observar que os pais tiveram um papel importante para o desvio de conduta do jovem, pois lhe deram uma motocicleta em seu aniversário de quinze anos, que era justamente o veículo que ele usava para traficar substâncias ilegais.

Em outro caso no qual trabalhei enquanto promotor de justiça, intimei um adolescente e seus pais para uma audiência em razão do envolvimento dele em um acidente de trânsito. Seu pai era um político bastante conhecido no Brasil, e ao comparecer na Promotoria de Justiça declarou: "Ele é uma pessoa muito boa e educada, nunca causou problemas. Meu filho é o meu melhor amigo". Estas palavras ficaram marcadas em minha memória.

Então lhe disse: "Eu respeito muito o senhor e o admiro há bastante tempo. No entanto, a questão é que o seu filho provocou um acidente de trânsito, colocando vidas em grande perigo. O risco de ocorrer uma tragédia era muito grande! Felizmente não houve vítimas, mas ele conduzia o carro em alta velocidade, e o veículo pertence ao senhor". O pai me interrompeu: "Concordo inteiramente com o senhor. Eu já o orientei para que não faça isso de novo".

"Meu filho é meu melhor amigo". Esta frase continuava a ressoar em minha mente, e eu não consegui me conter, e logo lhe disse: "O senhor vai ter muito tempo para ser amigo de seu filho. Agora é hora de ser pai!". Não sei por que, mas algo me dizia que o caso não seria resolvido sem que houvesse dor para ambas as partes. Passado um tempo, o adolescente atropelou e matou uma pessoa. O pai nunca mais se recuperou da tragédia.

Houve ainda o caso de um rapaz de vinte anos de idade que fazia uso de drogas. Sua mãe ficou chocada ao descobrir acerca do vício do filho, e lhe custava entender o comportamento dele, afinal, em casa, tinha tudo o que podia desejar: a atenção dos pais, uma boa escola, muito carinho e liberdade. Na concepção dela, nada justificava o comportamento do menor, considerando-o culpado por tudo. Mas isso não era verdade. A própria mãe se lembrou de quando a professora do colégio a convidou para uma reunião, seis anos antes, e relatou sua suspeita acerca da possibilidade de que seu filho estivesse usando substâncias ilícitas. Ela, entretanto, não deu credibilidade a esse alerta e discutiu com a educadora, acreditando que ela o estava acusando injustamente. Portanto, lembre-se de que corrigir e disciplinar os filhos é um ato de amor.

> QUEM SE NEGA A DISCIPLINAR E REPREENDER SEU FILHO NÃO O AMA; QUEM O AMA DE FATO NÃO HESITA EM CORRIGI-LO. (PROVÉRBIOS 13.24)

CONFLITOS COM EMPREGADOS DOMÉSTICOS

É necessário entendermos que empregados domésticos fazem parte da família, quer queiramos ou não. Por mais que tenham a função de um empregado, estão presentes em nossos lares. E nisso há um grande problema: esses trabalhadores – babás, diaristas, motoristas, cozinheiras – têm conhecimento acerca de quase tudo o que ocorre em nosso ambiente familiar. Eles sabem a hora que saímos para trabalhar e quando voltamos para casa, percebem quando estamos com dificuldades financeiras, se temos problemas de saúde ou crises conjugais, sabem até qual será o próximo destino de viagem da família.

Como se isso não fosse suficientemente alarmante, as pessoas não costumam ter nenhuma informação de credibilidade sobre a vida e os antecedentes de seus empregados domésticos. Tenho certeza que você nem imagina quais são os relacionamentos pessoais e familiares ou até mesmo o histórico de vida de sua faxineira. Você verificou se ela tem antecedentes criminais? Sabe se os familiares dela têm problemas com o Serviço de Proteção ao Crédito (SPC) ou com a polícia?

Em certa ocasião, uma casa foi roubada durante o final de semana. Ninguém havia percebido nada anormal até então, acreditando, por isso, que os ladrões tinham vindo por acaso. Contudo, após alguns dias de investigação, descobriu-se que o sobrinho da empregada doméstica daquela casa tinha sido o autor do crime. Ela não participou ativamente do assalto, mas foi através das informações transmitidas por ela que o invasor planejou o delito.

Muitos assaltos a residências são praticados a partir de dados obtidos com os trabalhadores das casas das vítimas. Em alguns casos, os próprios funcionários participam do crime. Na maioria das vezes, porém, é algum de seus parentes ou amigos quem o pratica.

Em muitos órgãos públicos ocorre a mesma situação. Processos sigilosos que envolvem grandes empresas ou quadrilhas internacionais são manuseados por funcionários e até mesmo estagiários. Não se tem nenhum controle prévio dos antecedentes pessoais, familiares e acerca dos relacionamentos dessas pessoas. Houve uma investigação criminal que repercutiu bastante no Brasil, ela envolvia multinacionais que fraudavam licitações no Ministério da Saúde. Interceptamos uma ligação telefônica em que o advogado da quadrilha tranquilizava o cliente dizendo: "Não se preocupe, temos uma pessoa dentro da Procuradoria (da República) que nos dá todas as informações de que precisamos. Pode ficar tranquilo". Nunca conseguimos identificar quem era esse informante, mas aprendemos uma lição importante com isso: é necessário investigar os antecedentes de nossos funcionários.

Com isso, para prevenir conflitos com empregados domésticos, aconselho que:

- Não fale de sua vida íntima para eles, uma vez que, ao conviver com sua família, naturalmente saberão de muitos fatos, mesmo que você não queira.

- Valorize o trabalho deles, recompensando-os com salário justo e generoso. Afinal, podem trocar de emprego e deixá-lo se outros lhe oferecerem um pagamento maior, ainda que a diferença não seja grande. Recomendo também que não dê roupas ou sapatos usados para eles, pois é possível que pensem: "Meus patrões só me presenteiam com coisas velhas e que não prestam mais!".

- Não ostente compras caras diante de seus empregados. Eles podem estar passando por dificuldades econômicas, portanto não é sábio exibir suas aquisições.
- Nunca faça de sua empregada uma confidente. Você pode se decepcionar muito ao descobrir que todos os colegas dela sabem detalhes da sua vida íntima.
- Antes de contratar um funcionário que prestará serviços em sua residência, pesquise seus antecedentes e procure informações de seus familiares e pessoas próximas a ele(a).

ORIENTAÇÃO PARA CASOS COMPLEXOS

Para essa explicação, vamos ao exemplo: um aluno de nove anos de idade estava sendo humilhado na escola. Seus colegas o chamavam de "*gay*" constantemente. Em sala de aula, no recreio, ou no horário da saída, ele era zombado por todos. Seus professores não tomavam providência alguma a respeito disso, e, por causa da humilhação, o aluno se desinteressou pelos estudos, e não queria mais ir à escola. Ficou depressivo e chorava repentinamente.

A mãe estava decidida a processar a escola e os alunos que humilhavam seu filho. Pensava em registrar uma ocorrência policial e propor uma ação judicial contra todos, além de transferi-lo para outra escola. Todas essas medidas – registro policial, processo judicial por danos morais – eram possíveis e até justificáveis, mas não era a melhor estratégia.

Então orientei a família a reconhecer o conflito e de que forma eles poderiam ter contribuído, mesmo que inconscientemente, para que o filho se encontrasse nessa situação. Entenda que é preciso estar atento para os gritos silenciosos de crianças e adolescentes. Eles revelam a violência que estão sofrendo através de seu comportamento e de suas atitudes, cabe aos responsáveis estarem atentos a isso.[1]

No caso real, aquela senhora conseguia enxergar somente a responsabilidade alheia, acreditando que os outros menosprezavam e discriminavam seu filho sem motivo algum. Os culpados eram os colegas, os professores e a escola. Entretanto, ao conversar melhor com aquela mãe, descobri que, na verdade, foi ela quem provocou a situação de humilhação contra o filho.

Tudo começou em uma reunião na escola, alguns meses antes. Os pais de todos os alunos estavam reunidos no auditório da instituição. Por descuido, ela

---

[1] Recomendo a leitura do livro: SCHELB, Guilherme. **Conflitos e violência na escola**: guia legal e prático para professores e famílias. 1.ed. São Paulo: B&z Editora LTDA, 2019.

comentou que seu filho "estava fazendo terapia com um psicólogo, por causa de problemas emocionais". Ao agir assim, acabou expondo uma informação íntima e confidencial do filho a estranhos. Depois de reconhecer sua culpa em relação ao que se sucedeu, essa mulher aprendeu uma lição importante para sua vida: é preciso cuidar para não revelar aos outros questões particulares de sua família.

Outra recomendação importante para a solução de casos mais complexos é que as pessoas envolvidas sejam devidamente identificadas. Feito isso, investigue a origem das informações recebidas. Se alguém lhe disser algo sobre seu filho, por exemplo, pergunte sobre o tema em questão aos melhores amigos e amigas dele. Eles sabem de detalhes importantes sobre a vida de seus colegas e poderão lhe revelar informações valiosas.

Em relação à situação do menor que fora humilhado na escola, investiguei melhor e verifiquei que um adolescente, filho de uma das pessoas com quem a mãe havia conversado na reunião de pais, era o maior incentivador da zombaria. A realidade é que a mãe desse aluno era a verdadeira responsável por sua atitude de caçoar do colega. Quase não consegui acreditar quando soube que aquela senhora era psicóloga!

Observem que, por trás do boato na escola, estava uma mulher, profissional da área de psicologia, que estimulava o filho a humilhar o menino que fazia acompanhamento psicoterapêutico. Desse modo, identificamos a verdadeira parte envolvida no acontecido. Se não houvéssemos detectado os reais responsáveis pelo conflito, poderíamos tomar medidas somente em relação ao menor agressor, enquanto o principal responsável seguiria sem correção.

Afirmo a vocês que em conflitos com crianças e adolescentes, geralmente, os pais ou responsáveis têm grande influência ou até participação em sua conduta.

Observem também quais seriam as possíveis causas emocionais e familiares do conflito. No caso em questão, precisávamos descobrir o seguinte: por que a mãe do aluno estava incentivando que um fato sobre a vida de seu colega fosse divulgado?

Nesse acontecimento específico, não foi possível saber os motivos reais que a levaram a agir assim. Pois, além de negar veementemente qualquer participação nos atos do filho, ela tornou-se agressiva em resposta às nossas tentativas de contato e conciliação. Contudo, as consequências foram bastante sérias, a vítima foi submetida a um exame médico e psicológico, e foi constatado o quadro clínico de depressão.

Por fim, é fundamental reconhecer os aspectos jurídicos, sociais e econômicos do ocorrido. Assim será possível avaliar as possíveis soluções, sejam amigáveis ou não. Ou seja, havia uma situação de humilhação pública contra uma criança. A mãe de um dos alunos era responsável pelo fato, uma vez que havia incentivado o filho a envergonhar o colega. A escola era o ambiente das agressões, e os professores não agiam a fim de proteger vítima. O aluno humilhado apresentava um quadro psicológico depressivo, com laudo médico conclusivo.

Do ponto de vista jurídico, tanto a escola como a mãe do aluno agressor e os professores poderiam ser processados. A instituição, por perdas e danos; a mãe do aluno agressor, por perdas e danos e registro de ocorrência criminal, assim como os professores.

Por uma perspectiva social, seria possível que a escola fosse exposta para a imprensa, sendo revelada sua incompetência em proteger seus alunos. Do ponto de vista econômico, o menor poderia ser transferido para outra escola. Contudo, mesmo que você tenha diversas possibilidades legais e sociais a seu favor, isso não significa que estas sejam as melhores opções. Exercer seus direitos não é o único meio para alcançar a paz.

Bem, todas as medidas foram colocadas na mesa para avaliarmos o melhor caminho a seguir. Porém, entendemos que ainda não deveríamos agir antes de imaginarmos as prováveis consequências de cada uma das medidas que poderiam ser tomadas. Por exemplo, se os fatos fossem divulgados pela imprensa, poderíamos atingir o nome ou a reputação da escola. Por outro lado, a criança seria exposta a muitas outras pessoas. Não compensaria agir assim.

Considerando todas essas recomendações, aconselho que as soluções amigáveis sejam priorizadas sempre. O primeiro passo é conseguir aliados para resolver o conflito. Ao fazê-lo, cuide para não conquistar inimigos.

No acontecimento mencionado, a escola tinha bastante interesse em solucionar o problema, pois, do contrário, sofreria prejuízos econômicos e sua imagem seria prejudicada. A mãe da criança humilhada fez o primeiro contato, apenas verbal, com o diretor da escola, apresentando o ocorrido de uma forma objetiva e não emocional. Sutilmente ela enfatizava os riscos de prejuízos à imagem e ao patrimônio da escola. Ela sugeria que poderia processar a instituição a menos que esta agisse promovendo uma resolução para o conflito.

Bastou uma reunião e a escola estava completamente convencida da necessidade de atuar para uma conciliação entre as famílias. O diretor foi o árbitro da situação, adotando medidas bastante concretas: orientou os professores a estarem atentos a possíveis situações semelhantes, conciliou os alunos e as famílias envolvidas (vítima e agressores), reprimiu, com medidas disciplinares, os alunos que não respeitavam os colegas e convidou os responsáveis envolvidos para uma reunião, que gerou uma resolução eficaz.

Agindo da forma preventiva sugerida, a mãe obteve, em menos de um mês, e a custo zero, uma saída amigável para o conflito. O seu filho permaneceu na escola e teve uma excelente melhora em seu quadro psicológico.

Se ela tivesse tomado alguma atitude precipitada, como processar a escola e a mãe do aluno agressor, ou registrar o caso na polícia, poderia até obter algum ganho, porém isso levaria ao menos quatro ou cinco anos, e certamente custaria o desenvolvimento sadio do menino, que ficaria ainda mais exposto à humilhação pública. Isso sem contar que haveria grandes gastos financeiros com advogados, e toda a família seria envolvida em situações desgastantes comparecendo a audiências judiciais, e tendo possíveis contatos agressivos com a outra família, e, com certeza, novos embates surgiriam.

Sempre vale a pena investir em estratégias pacíficas para solucionar os conflitos. É mais eficaz, rápido e barato.

CAPÍTULO 4

A CORRUPÇÃO CUSTA CARO

RISCOS EM NEGÓCIOS

Toda atividade econômica está sujeita a algum tipo de desvio, fraude ou corrupção. Mesmo em algo pequeno, como uma reforma no banheiro de sua casa, certamente ocorrerá algum desvio, ainda que seja um carrinho de mão carregado de areia, por exemplo. Mas o fato é que isso é inevitável. Então, o grande desafio é reduzir o prejuízo ao mínimo possível.

COMERCIANTE OU EMPRESÁRIO?

Para analisar os riscos em negócios, é muito importante distinguir comerciantes de empresários. O comerciante é a pessoa que avalia sua atividade exclusivamente pelo lucro obtido. "Dinheiro é tudo!"

é a frase que o representa. Alguns comerciantes têm sucesso financeiro, chegam a ganhar milhões de reais. Porém, não é o tamanho ou o sucesso do negócio que os caracteriza, mas o seu modo de pensar. Para o comerciante, não existe investimento, apenas despesa, pois ele pensa somente em lucro. Muitas vezes, uma pessoa assim muda de ramo exclusivamente em razão da possibilidade de um rendimento um pouco melhor, e a ganância é sua força motriz. Por esses motivos, ele é muito mais propenso a cair em golpes e fraudes.

> [...] O AMOR AO DINHEIRO É A RAIZ DE TODOS OS MALES. (1 TIMÓTEO 6.10a)

Por outro lado, o empresário também tem bastante interesse em lucro. No entanto, ele enxerga outras dimensões de sua atividade, como a qualidade dos serviços ou produtos que oferece, os empregos que gera – valoriza a abrangência social de seu negócio como um todo. Embora o lucro seja o alvo, também encontra realização em outros aspectos de sua empresa.

A respeito dessas duas categorias, é possível que um empresário e um comerciante sejam vizinhos de porta e desenvolvam a mesma atividade comercial. Podemos imaginar que cada um deles tem uma farmácia, por exemplo; o comerciante estará preocupado exclusivamente com o lucro que a venda de remédios irá gerar ao final do mês. Já o empresário se interessa não somente pelo resultado econômico, mas também em oferecer um atendimento de qualidade a seus clientes, prestar um bom serviço à saúde e valorizar os empregados a quem fornece sustento.

> O SÁBIO RECEBE O SUFICIENTE PARA SATISFAZER PLENAMENTE SEU APETITE; A ALMA DOS PERVERSOS, CONTUDO, SEMPRE ESTÁ FAMINTA.
> (PROVÉRBIOS 13.25)

São estilos completamente diferentes de gerir atividades econômicas. Por mais que o resultado financeiro seja o mesmo, o impacto da empresa de cada um é completamente diferente.

A PREVENÇÃO DE CONFLITOS NAS EMPRESAS

É interessante observar que os conflitos em ambiente empresarial costumam estar majoritariamente relacionados a divergências sobre pactuações ou à forma como cada um deve cumprir suas obrigações. Embora possa haver pessoas desonestas que complicam ainda mais o cenário, neste momento, gostaria de salientar a frequente ocorrência de complicações entre empresários honestos.

A regra básica é a seguinte: toda vez que você realizar um negócio – comprar, vender ou emprestar algo de valor – registre o que está sendo combinado. Sugiro que você busque o aconselhamento de um advogado de sua confiança, esse profissional deve ser consultado antes que você feche qualquer acordo.

Isso é essencial para que o acerto ocorra de forma transparente e segura. A maioria dos problemas surge por causa de discordâncias sobre o que, de fato, foi acordado entre as partes.

Consequentemente, muitos conflitos podem ser evitados se você escrever o que está sendo acordado. Não precisa ser algo extenso, basta constar o objeto, as condições e as partes envolvidas.

Para exemplificar a necessidade de registro, relatarei o caso de um rapaz que emprestou seu carro a um amigo. Por descuido, ele não guardou a chave devidamente e um adolescente a pegou sem que fosse visto e saiu com o veículo. Para complicar a situação, o pior aconteceu: ele se envolveu em um acidente gravíssimo, no qual uma pessoa morreu e outras ficaram feridas.

Diante desse acontecimento, um policial acordou o dono do automóvel naquela madrugada e lhe deu a má notícia. Por ser o proprietário, foi indiciado como corresponsável pelo acidente. O amigo que recebeu o carro emprestado não quis assumir sua responsabilidade e negou seu envolvimento no ocorrido.

Dessa forma, recomendo que, ao emprestar seu carro a um amigo, escreva em uma folha de papel ou envie uma mensagem com o seguinte teor: "**Seu nome** empresta o veículo **modelo** e **placa** para o **nome da pessoa**, que tem a responsabilidade pela guarda do veículo e por todos os gastos com sua manutenção". O registro da mensagem enviada por *e-mail* ou WhatsApp com a resposta ou confirmação de recebimento, ou até uma folha de papel assinada pelo favorecido, é suficiente como meio legal de prova. É bem simples, concorda?

Mas se você não tiver esse registro e algo acontecer, dependerá da disposição de seu amigo para assumir a responsabilidade. Caso ele não diga a verdade – para fugir do dever civil e criminal –, você terá de procurar meios para provar sua inocência, o que pode demorar anos.

Não estou sugerindo que você burocratize toda sua vida com contratos. Contudo, há algumas questões que demandam registros. Fazer isso evitará graves transtornos e trará segurança para todos.

E esse mesmo tipo de complicação também acontece em empresas. Certa vez, conheci três sócios que gerenciavam uma companhia. Contudo, a sociedade estava registrada nos nomes de apenas dois deles. Os lucros eram repartidos conforme acordos verbais entre os três empresários, e nada era registrado por escrito.

Então, inesperadamente, um dos sócios sofreu um acidente fatal de trânsito. Grande parte do patrimônio da sociedade estava no nome dele, e como não havia documento algum comprovando a participação dos três no negócio, apenas aquele que estava registrado oficialmente como sócio obteve a sua parte dos rendimentos. Já o outro tentou conversar com os herdeiros do falecido – esposa e filhos – mas, infelizmente, não houve acordo, e seu prejuízo foi inevitável.

Portanto, mesmo que você tenha total confiança nas pessoas – familiares, amigos ou sócios –, sempre mantenha seus acordos e negócios registrados por escrito. Lembrando que o documento não precisa ser extenso, bastam mensagens no WhatsApp ou *e-mails* trocados com os envolvidos para comprovar os acordos. Caso você se sinta constrangido em pedir a um amigo ou familiar para escrever um acordo ou negócio, sugiro que leve o seu advogado às reuniões e peça para que ele faça isso.

Se nenhum desses relatos e argumentos tiver convencido você acerca da necessidade de registrar seus acordos – mesmo quando feitos com familiares ou amigos –, considere que as pessoas podem se esquecer do que disseram anteriormente, se confundir ou até mesmo ser desonestas com você. Sem registros, o prejuízo é certo.

> O HOMEM PERVERSO VIVE PROVOCANDO CONTENDAS, ASSIM COMO O DIFAMADOR, QUE CONSEGUE SEPARAR OS MAIORES AMIGOS.
> (PROVÉRBIOS 16.28)

No começo, os outros podem achar estranha essa prática, mas, com o tempo, eles se acostumarão. Você perceberá que é muito mais seguro manter seus acertos devidamente documentados.

Dentro disso, certa vez soube da situação de uma empresa que administrava fazendas, plantações e máquinas, o negócio era um verdadeiro sucesso. Porém, ao conversar com um dos sócios, descobri que a companhia estava em nome da esposa do outro empresário. Então lhe disse que ele estava em grande risco de perder tudo, uma vez que não havia nada em seu nome.

No entanto, ele foi enfático e até um pouco agressivo ao me dizer: "Rapaz, o Wanderlei é meu amigo de infância, eu confio totalmente nele!". Calmamente eu respondi: "Tudo bem. Quanto a isso eu não tenho dúvidas. Mas, se algum acidente fatal acontecer a ele, por exemplo, você terá de conversar com sua mulher. Você também tem total confiança nela?". Estou certo de que ele se atentou às minhas palavras, pois, passados alguns meses, reencontrei-o, e ele já havia transferido para o seu nome uma fazenda e parte do maquinário da empresa.

Além disso, eu mesmo testemunhei a importância de documentar processos importantes. Recordo-me de quando vendi um apartamento. Após várias horas de negociação, registramos em um contrato todas as cláusulas importantes que havíamos acertado. A compradora pagaria 50% do valor, ocuparia o imóvel imediatamente e teria um prazo para pagar o restante. Até quitar o total da compra, ela cumpriria com metade do valor do aluguel.

Um mês havia se passado e ela não tinha pagado o aluguel combinado. Telefonei para a compradora e tive uma surpresa desagradável: ela não se lembrava do acordo firmado de que deveria pagar metade do aluguel do apartamento. Então lhe pedi que lesse a cláusula três do contrato, na qual estava prevista essa cobrança. Com isso, tudo foi esclarecido e ela fez o depósito referente ao aluguel no dia seguinte.

Todos esses casos só mostram o quanto o registro de seus negócios por escrito pode servir a seu favor, inclusive como prova criminal. Várias transações comerciais se tornam suspeitas simplesmente porque não foram registradas da maneira devida. Se você conta com algum fornecedor de produtos, por exemplo, é essencial que tudo esteja registrado corretamente, pois, caso ele se envolva em alguma transação suspeita, você estará seguro. Mas, se não houver uma documentação por escrito sobre as compras, você poderá ter problemas. Desconfie quando alguém disser: "Fique tranquilo, minha palavra é a garantia".

CUIDADOS AO ESCREVER

Tudo o que se escreve adquire um caráter muito mais solene e formal do que aquilo que se fala. A linguagem falada admite equívocos ou excessos. Além disso, agregam-se a ela uma série de aspectos não verbais: a entonação, o volume da voz, gestos e expressões corporais.

Estima-se que as palavras faladas correspondem apenas à menor parcela da comunicação. A maior parte é formada pelos elementos não verbais. Sendo assim, ao escrever, não conseguimos transmitir fielmente o conteúdo não verbal. Do ponto de vista de quem recebe a mensagem, há uma grande diferença entre o que se fala e o que se escreve. Isso nos ajuda a entender por que as comunicações via *internet* se tornaram uma grande fonte de conflitos, uma vez que muitas pessoas escrevem mensagens como se estivessem conversando pessoalmente.

Para comprovar isso, basta observar as redes de comunicação de empresas ou instituições, como universidades, ministérios públicos, postos policiais, centros de pesquisas ou igrejas. Você poderá verificar como essas redes se tornaram conflituosas, pois as pessoas escrevem para as outras de modo bastante informal e incompleto.

> O PRUDENTE PERCEBE O PERIGO E BUSCA REFÚGIO; O INCAUTO, CONTUDO, PASSA ADIANTE E SOFRE AS CONSEQUÊNCIAS. (PROVÉRBIOS 22.3)

Inclusive, houve um caso em que o filho adolescente de um empresário foi agredido e ameaçado de morte no clube recreativo que frequentava. Ao saber do incidente, o pai pensou imediatamente em registrar uma ocorrência policial e processar o agressor e a instituição. Todas essas medidas seriam válidas e possíveis. Contudo, é fundamental considerarmos os possíveis resultados das atitudes que pretendemos tomar. Por mais que, em teoria, o plano seja ideal, você deve imaginar o que aconteceria na prática.

Orientei o pai da vítima a escrever uma carta para o presidente do clube com o seguinte teor:

Caro Presidente,

Fui surpreendido com a situação de ameaça e agressão física contra meu filho, praticada por outro associado. O agressor desferiu um soco no rosto dele, causando lesões corporais, conforme cópia do laudo médico em anexo. Os fatos foram testemunhados por diversas pessoas, que oportunamente podem ser arroladas como testemunhas.

Solicito que V. Sa. promova a imediata apuração dos fatos e encaminhamento do caso à família do agressor, pois todos têm a ganhar com isso. Não pretendo recorrer ao Judiciário, pois creio firmemente que o problema pode ser solucionado sem custo financeiro ou desgaste da imagem de ninguém, todavia os riscos à integridade física de meu filho são inadmissíveis.

Cientifico V. Sa., outrossim, que essa comunicação torna-se elemento de prova para fins criminais e civis, considerando a responsabilidade dessa instituição e de seus dirigentes.

Atenciosamente, [nome do pai]

Estou convicto de que o presidente do clube entendeu a carta da seguinte maneira:

Eu não tenho nenhuma culpa nessa situação. Resolva o conflito, pois a responsabilidade é da sua instituição. Poderia processá-lo e sua empresa teria de gastar dinheiro com advogados, seria condenada e, ainda, perderia credibilidade diante da sociedade. Ou seja, vocês serão condenados se não fizerem nada.

Após receber a carta, a instituição participou direta e ativamente da solução do conflito. E, em menos de um mês, tudo foi resolvido entre as famílias e os jovens envolvidos.

Levando em consideração esse exemplo e os benefícios para essa família, recomendo que você nunca seja expresso ao criticar ou acusar alguém por escrito, pois, no futuro, isso poderia ser uma prova documental usada contra você, independentemente de quem tivesse razão. Isso, porque as pessoas o considerariam desequilibrado ou problemático por conta de sua escrita enfática ou acusatória. Um texto fora do contexto é pretexto para confusão.

Agora, dentro do mesmo contexto, imagine uma carta mais agressiva como este exemplo:

> Senhor Presidente, fiquei bastante indignado e revoltado ao saber do que aconteceu ao meu filho. Ele sofreu uma agressão física violenta – socos no rosto e pontapés – que provocaram um grande hematoma em sua face e outros ferimentos no corpo. Não posso admitir ou aceitar que meu filho seja vítima de agressões. Exijo providências imediatas, assim como a aplicação de medidas disciplinares ao agressor.

Nesse caso, o pai teria agido pela emoção, sem medir as consequências de seu ato. Ele simplesmente teria extravasado sua revolta e indignação. Não estou julgando quem age assim, pois é até compreensível fazê-lo diante das circunstâncias. Todavia, não seria inteligente, pois atitudes agressivas diminuem de modo significativo as chances de conciliação. Além do mais, agir desse jeito nos expõe ao risco de sofrer novas injustiças.

Portanto, ao escrever uma mensagem, tenha cuidado redobrado com as palavras, em especial quando fizer críticas a alguém. Sem essa precaução, você pode até fechar portas que lhe seriam úteis no futuro.

CONFLITOS EXTERNOS

No que diz respeito a conflitos de empresas com agentes externos – isto é, clientes, órgãos públicos ou concorrentes – não existe poder ou influência sobre as partes envolvidas. É preciso, então, estar atento ao ambiente de negócios e às relações com colaboradores, e se lembrar que respeito se conquista quando respeitamos os outros. Quem age com justiça e cuidado colhe bons frutos, inclusive com relação aos adversários.

> QUANDO AS ATITUDES DE UMA PESSOA SÃO AGRADÁVEIS AO SENHOR, ATÉ OS INIMIGOS DESSA PESSOA VIVEM EM PAZ COM ELA, PELA VONTADE DIVINA. (PROVÉRBIOS 16.7)

Concorrentes

Observo que muitos empresários praticam atos desleais contra seus concorrentes e, por conta disso, acabam sofrendo consequências terríveis. Eles se utilizam de denúncias infundadas, acusações sem prova e até de boatos mentirosos. Não faça isso em hipótese alguma, a menos que deseje que causem isso a você. Como diz o dito popular: "Quem com ferro fere com ferro será ferido".

Nesse sentido, não me refiro a concorrentes fraudadores ou criminosos. Estes devem ser tratados de acordo com suas atitudes, sempre submetidos à Justiça. Contudo, gostaria de alertá-los quanto aos cuidados para com a sua segurança ao encaminhar denúncias ou informações sobre questões criminais. Lembre-se de que seu concorrente não é seu inimigo.

Autoridades públicas

Em conflitos com autoridades públicas, como auditores da Receita Federal, fiscais do Ministério da Saúde, promotores de justiça e policiais, recomendo que você faça uma pergunta a si mesmo: "Meus negócios estão dentro da lei?". Quem está em situação irregular está mais suscetível à corrupção. No entanto, mesmo que ainda não tenha regularizado sua

> [...] QUEM REPUDIA O SUBORNO VIVERÁ MAIS E MELHOR.
> (PROVÉRBIOS 15.27)

documentação por completo, jamais caia na tentação de aceitar ou propor acordos corruptos. Isso certamente não vale a pena. Nunca recorra ao argumento de que "todo mundo faz assim". Se você está fora da lei, está errado, e não há discussão quanto a isso. Não tente se justificar para amenizar sua consciência, corrija-se e siga seu caminho.

Dentro desse assunto, consigo me lembrar do caso de um empresário surpreendido por uma fiscalização da Receita Federal. Da noite para o dia, elaborou documentos contábeis e recibos falsos para acobertar os negócios que foram feitos ilegalmente. Ele chegou até a contratar um fiscal corrupto da Receita para auxiliá-lo. Tudo parecia estar ocorrendo bem e ele foi absolvido. Porém, meses depois, os fraudadores que auxiliaram o empresário a encobrir os ilícitos fiscais foram surpreendidos com prisão preventiva e um mandato de busca e apreensão em seu escritório, quando se constatou toda a fraude e o processo fiscal foi reaberto. Tudo isso teve um custo bastante alto para o dono da empresa, além de uma ação penal pela fraude tributária.

Clientes

Quanto aos conflitos com clientes, percebo que há bastante abuso por parte das empresas. Embora progressos tenham ocorrido no que tange à defesa do consumidor nos últimos anos, o desrespeito ainda predomina nas relações de consumo.

Exemplo disso foi uma multinacional fabricante de veículos que havia concebido um novo modelo de carro. Os veículos já estavam sendo produzidos quando foi descoberto um defeito grave no projeto: testes constataram que o automóvel poderia incendiar se houvesse uma colisão em sua traseira.

O presidente da empresa reuniu seus advogados para decidir se alteravam ou não o projeto, mas, ao final, decidiram deixá-lo como estava. Isso, porque gastariam milhões de dólares para alterar a proposta do veículo e torná-lo mais seguro, enquanto os valores das condenações judiciais em processos por indenização em acidentes com mortos ou feridos eram bem menores. Eles não se importavam com as mortes e ferimentos graves, pensavam apenas em reduzir os gastos.

Esse caso real mostra como muitas empresas tratam seus clientes. Assim, fica fácil entender por que precisamos de um Código de Defesa do Consumidor. Logo, meu melhor conselho é: respeite os direitos de seu cliente! Você e a imagem de sua empresa só têm a ganhar com esse posicionamento.

> A AMBIÇÃO PELO LUCRO ILÍCITO CONDUZ O INSENSATO. (PROVÉRBIOS 1.19)

CONFLITOS INTERNOS

Ao tratar de conflitos internos, o empresário tem certo domínio ou influência sobre as partes envolvidas, que são: empregados, fornecedores e sócios.

Empregados

Uma das maiores falhas das empresas é a deficiência na análise dos antecedentes pessoais de seus empregados. Repare em como isso é contraditório: quando vamos a uma loja e adquirimos uma televisão, por exemplo, temos de fornecer diversos dados pessoais (identidade, CPF, endereço, estado civil, telefone, filiação, profissão e grau de escolaridade), nossos dados bancários e até referências pessoais, isto é, o nome de duas pessoas e os telefones delas para que possam conferir a veracidade das informações a nosso respeito. Junto com isso, a loja ainda consulta todos os nossos dados em plataformas, como Serasa e SPC. Tudo isso por causa da simples aquisição de um eletrodoméstico.

Entretanto, ao contratar empregados – pessoas que representam sua empresa – é comum solicitar apenas os dados pessoais necessários para o preenchimento da carteira de trabalho deles. Isso acontece porque se considera que a competência ou habilidade para exercer determinada função deve ser o único fator para a contratação de um funcionário. Mas de que adianta ter um excelente profissional em sua empresa se ele é dependente de drogas, por exemplo, e devido a isso falta frequentemente ao trabalho e causa conflitos na empresa?

Em virtude disso, é extremamente urgente repensarmos acerca desse tema e avaliarmos melhor os funcionários que desejamos contratar, tanto para nossa empresa como para nossa casa.

Para que você entenda a gravidade desse assunto, vou contar a história do Banco Barings – a instituição financeira mais tradicional da Inglaterra. Essa empresa foi à falência em 1995, por causa de fraudes praticadas por um único empregado. Os diretores do banco confiavam totalmente nesse indivíduo. Inclusive, ele era conhecido por ser um gênio quando se tratava de finanças. Contudo, fraudou aplicações na Bolsa de Valores, tornando-se o criminoso responsável pela quebra da instituição financeira mais antiga do mundo. Isso, por uma falha na supervisão de empregados.

Houve ainda o caso de uma empresa procurada pela Receita Federal. Todos os impostos haviam sido pagos devidamente, porém, certo dia, receberam uma notificação de cobrança deles. Então, no dia seguinte, o gerente compareceu a esse órgão com todos os comprovantes de pagamento efetuados, mas teve uma surpresa desagradável: eles eram falsos. O empregado responsável pelos pagamentos havia falsificado os documentos – inclusive com a autenticação bancária – e desviado o dinheiro correspondente, embolsando-o para uso pessoal. O prejuízo foi de mais de quarenta mil reais.

Esse relato nos revela a importância de documentar transações financeiras com bastante cuidado. A empresa poderia ter emitido cheques nominais, e nenhum desvio teria ocorrido. A fraude foi possível somente porque o pagamento era realizado em dinheiro.

Posto isso, sugiro que você pondere os seguintes requisitos de segurança para a admissão de funcionários: seus antecedentes, relacionamentos pessoais e a compatibilidade da função com a personalidade do empregado.

Todo ser humano está propenso a cometer erros ou a praticar atos inesperados. É essencial analisar esses aspectos de cada empregado que se pretende contratar, a fim de garantir a segurança de sua empresa e dos outros funcionários. Ao fazer isso, você minimiza os riscos, embora eles não deixem de existir.

Por esse motivo, é importante conhecer a vida pregressa de seus empregados. Essa informação é necessária não somente para proteger seu negócio, mas também para ajudar a colocar as pessoas em funções adequadas à suas habilidades e caráter.

> UM ARQUEIRO QUE FERE A TODOS: TAL É O PATRÃO QUE DÁ EMPREGO AO INSENSATO E AO BÊBADO QUE PASSAM POR SUA PORTA. (PROVÉRBIOS 26.10)

Portanto, para avaliar um candidato a uma vaga disponível em sua empresa, você deve obter informações sobre a pessoa, sua família e os seus relacionamentos. Ou seja, não basta somente analisá-lo, também é importante saber a respeito de seu círculo de influência, isto é, as pessoas com quem ele tem mais proximidade. A razão disso é simples: todos somos fruto do meio em que fomos criados e no qual vivemos. É possível que a pessoa em si não ofereça risco algum, mas seus familiares ou amigos podem ser causa de muitos problemas.

Em certa ocasião, havia um empregado bastante honesto e competente. Ele trabalhava há mais de dois anos em determinada empresa. Inesperadamente, foi preso em flagrante por desviar produtos de informática. Após investigar o caso, descobriu-se que sua esposa o tinha induzido a praticar o crime a fim de pagar suas dívidas pessoais. Ela era alcoólatra e tinha transtornos mentais, por isso gastava compulsivamente em lojas e tinha várias ocorrências em serviços de proteção ao crédito. Esse caso nos alerta acerca da importância de saber a respeito das pessoas próximas de nossos funcionários.

Outro fator que põe em risco a segurança de sua companhia é a incompatibilidade da personalidade do empregado e a atividade que ele desempenha. Não é sábio tentar ajudar alguém oferecendo-lhe uma função para a qual ele não tem vocação ou interesse pessoal de realizar. Darei um exemplo bem simples: se você contratar como vendedor uma pessoa de temperamento agressivo, que tem dificuldade para se controlar em momentos de tensão, acabará colocando

> MELHOR É ENCONTRAR UMA URSA DA QUAL ROUBARAM OS FILHOTES DO QUE UM INSENSATO.
> (PROVÉRBIOS 17.12)

em risco o seu negócio, pois ele poderá tratar mal um cliente e a loja ficará difamada pelo mau atendimento oferecido.

Diante disso, acredito que grande parte dos problemas de sua empresa ocorra por conta de uma má escolha de funcionários, especialmente por colocar uma pessoa para atuar em uma função incompatível com sua personalidade ou experiência.

Reuniões

Antes de entrar em uma reunião com sua equipe, defina bem qual é o seu objetivo. Em momento algum se esqueça do alvo proposto para aquele encontro. Durante as reuniões, é muito comum que as pessoas percam o foco e comecem a tratar de assuntos irrelevantes, deixando de lado o objetivo principal que fora estabelecido.

Por isso, é muito importante retomar o objetivo central da reunião sempre que necessário. Ao final, declare a todos e anote o que foi concluído de toda a discussão, além de enviar essas informações por *e-mail* a todos os participantes. Assim, a reunião será encerrada com resultados esclarecidos para todos.

> [...] ESCREVE A VISÃO COM TODA A CLAREZA POSSÍVEL EM GRANDES TÁBUAS, PARA QUE ATÉ O MENSAGEIRO QUE PASSA CORRENDO A LEIA. (HABACUQUE 2.2)

Advogados e contadores

Esses profissionais são estratégicos para sua empresa, independentemente de qual seja o ramo ou o tamanho de seu negócio. O advogado lhe dará segurança no que diz respeito a contratação de empregados, compras, vendas e demais processos. Também irá ajudá-lo a prevenir possíveis conflitos. Já o contador é especialista em registros e tributos, ele auxiliará na determinação do valor de seu produto ou serviço e ajudará a reduzir o pagamento de impostos por meio de planejamento e estratégia fiscal.

Alguns escritórios ou profissionais oferecem ambas atividades de consultoria contábil e jurídica. Contudo, não é aconselhável que essas funções sejam exercidas por um único profissional ou até mesmo escritório. Você ganha em controle e eficiência quando dois profissionais, autônomos e independentes entre si, exercem essas tarefas.

Quando essas duas funções se misturam, pode acontecer algo como o que se deu com um empresário que conheci certa vez. Ele apresentou sua declaração de imposto de renda dentro do prazo legal. Mas após alguns meses, foi notificado de que deveria comparecer à Receita Federal. Ao chegar lá, na data designada, teve uma surpresa: o contador tinha apresentado um recibo falso a fim de reduzir o imposto devido. Embora negasse qualquer participação na fraude, o empresário foi processado criminalmente e condenado.

Assim, não contrate um profissional que resolve sua situação de modo duvidoso. Geralmente, eles alegam ter algum tipo de relacionamento pessoal ou influência sobre políticos e autoridades (juiz, promotor, fiscal da Receita, entre outros). Isso pode até ser verdade, contudo, eu lhe garanto que contar com esse tipo de ajuda não é vantajoso e pode lhe causar um grande problema futuramente.

Como foi o caso de certo contador que fornecia recibos falsos para abatimento de imposto de renda, e centenas de pessoas adquiriram esses materiais com ele. Passados alguns meses, uma operação da Polícia Federal identificou todo o esquema, e o fraudador foi preso. Ele confessou o crime e delatou todos seus clientes, que foram processados por sonegação fiscal.

O que acontece é que muitos empresários exigem que seus advogados e contadores resolvam problemas a qualquer custo. Porém, ao fazê-lo, expõem-se a riscos muito grandes, pois de nada se aproveita solucionar uma questão atual por meio de expedientes ilegais. Afinal, nada disso permanecerá oculto, e essa atitude causará problemas maiores no futuro.

Fornecedores

O preço de um produto ou serviço é algo bastante relevante, porém outros fatores devem ser considerados para além do valor a ser pago. Há diversos outros aspectos que devem ser avaliados ao adquirir algo para sua empresa.

Um exemplo disso é uma loja de produtos natalinos que precisava adquirir panetones. Eles costumavam contar com determinada distribuidora, que fornecia o produto sempre dentro do prazo e em excelentes condições. Entretanto, um concorrente propôs a venda do mesmo produto a um preço mais baixo. Seduzido pela redução do custo, o comerciante não avaliou os outros aspectos do negócio e decidiu passar toda sua demanda ao novo fornecedor.

Ao fim do prazo de entrega combinado, o novo fornecedor informou que não teria como entregar os produtos, por conta do excesso de pedidos. Os prejuízos foram enormes, pois a loja teve de adquirir os panetones com o antigo fornecedor, porém não conseguiu uma boa negociação e acabou pagando um valor bem elevado.

Em outro caso, uma empresa adquiria produtos de informática de certo fornecedor, até que um dia a Polícia Federal realizou uma operação de busca e apreensão no estabelecimento e confiscou diversas mercadorias falsificadas e contrabandeadas. Em razão disso, a empresa compradora teve de se justificar à polícia quanto aos negócios realizados com aquele fornecedor.

Em situações como essas, você é culpado até que prove o contrário; e por mais injusto que seja, é o que ocorre na realidade. Portanto, desconfie de produtos oferecidos a preço excessivamente abaixo da média, pois é bastante provável que haja alguma irregularidade.

Sócios

A grande fonte de conflitos entre sócios é o desacordo em relação aos tratos firmados. É recorrente que as partes se reúnam, conversem e debatam sobre um assunto, mas, chegando a um acordo, não o registrem. Acreditam que a palavra basta e confiam que todos cumprirão com o combinado. Porém, isso é bastante perigoso, uma vez que diversos fatores podem contribuir para que as pessoas se confundam ou passem a ter uma opinião diferente sobre o que foi conversado anteriormente.

Não necessariamente se trata de má-fé ou desonestidade, às vezes são simples mal-entendidos ou esquecimentos sobre o que ficou acertado. Por isso, não há nada melhor do que ter por escrito todos os acordos, decisões ou informes importantes de sua empresa – e de sua vida pessoal. Há muito menos chance de haver conflitos tendo esses registros, pois cada um saberá exatamente quem foi o autor e qual foi o conteúdo de cada decisão.

Certa vez, ex-sócios ameaçaram processar um empresário alegando desvios e abusos na administração da companhia. Ao tomar conhecimento disso, ele imediatamente lhes encaminhou as cópias das atas de reuniões e dos documentos assinados por todos, autorizando-o a gerir a empresa. Todas as acusações foram retiradas. Eles não esperavam que o sócio tivesse tudo por escrito, inclusive com a assinatura deles.

Assim, esse empresário evitou um conflito que poderia tomar grandes proporções, durando anos e lhe custando uma quantia significativa de dinheiro com advogados e demais custos.

CONTRATOS COM O GOVERNO

Contratos com o Poder Público são bastante arriscados. Não é sempre que as prefeituras, os estados e a União pagam no tempo e da forma combinada.

Nesse sentido, aconteceu que uma fábrica de móveis de escritório recebeu uma proposta de entrega de produtos para a prefeitura de uma capital brasileira. O contrato era de dois milhões de dólares. Tudo parecia perfeito, e não houve contestação à licitação por nenhum dos concorrentes, de modo que o contrato foi firmado e os móveis entregues. Entretanto, no momento em que deveriam receber pela entrega, houve uma ordem do Tribunal de Contas para a suspensão de todos os pagamentos.

Os fabricantes esperaram por meses, sem receber nada. Enquanto isso, corriam diversas denúncias de corrupção contra o Prefeito, e embora não se tratasse de algo relacionado ao contrato em questão, todos os pagamentos foram suspensos. Depois de dois anos sem receber o que era devido, a empresa, que já se encontrava em dificuldades financeiras, faliu. A principal causa foi a inadimplência daquela prefeitura, uma vez que os móveis jamais foram pagos.

Houve também uma prestadora de serviços que firmou contrato com o governo de um Estado. Eles cumpriram com a parte deles do acordo, e o acerto foi que o pagamento fosse realizado em um determinado mês. Porém, inesperadamente, surgiu uma questão burocrática: precisavam de um parecer jurídico. Concluindo, o pagamento foi realizado apenas cinco meses depois do que fora acordado inicialmente. Os juros bancários decorrentes do atraso causaram um prejuízo significativo.

Sendo assim, tenha bastante cuidado ao fechar contratos com o Poder Público, pois, infelizmente, vários imprevistos podem ocorrer. Isto é, alterações políticas, investigações policiais ou até a mudança de humor do governante, tudo isso pode gerar grandes dificuldades. Considere então os ajustes com o Poder Público como contratos de risco.

GOLPES CONTRA EMPRESÁRIOS

O principal artifício utilizado para golpes contra empresários é a própria ganância das vítimas.

> A RIQUEZA DE PROCEDÊNCIA VÃ DIMINUIRÁ, MAS QUEM A AJUNTA COM O PRÓPRIO TRABALHO A AUMENTARÁ.
> (PROVÉRBIOS 13.11 – ACF)

Quem sofre golpes de estelionatários se encaixa em ao menos uma das seguintes características:

- É ganancioso e espera sempre por uma oportunidade de obter lucro facilmente;
- Encontra-se em situação irregular (como sonegação de impostos, por exemplo);
- Ou não conta com consultoria jurídica e contábil em sua empresa.

Os golpes contra empresários, normalmente, têm aparência de legalidade e seriedade por parte dos fraudadores, oferecem uma oportunidade de grande lucro e têm sempre urgência para fechar o negócio. Como exemplo, uma empresa de criação de gado oferecia uma proposta irrecusável. Investimentos a partir de dez mil dólares eram remunerados à taxa de dez por cento ao mês. Eles investiam em propagandas caríssimas na televisão e em revistas, o que demonstrava uma aparente segurança em relação ao negócio. O golpe se dava de forma que os primeiros investidores serviam como isca para os demais, ou seja, eles recebiam realmente um retorno altíssimo. Tudo isso era parte da estratégia da fraude, pois, com a divulgação dos bons resultados dos primeiros clientes, novos interessados investiam suas economias confiando na segurança e alto retorno do investimento. Como o negócio não tinha sustentação alguma, faliu em menos de dois anos.

> O AVARENTO COLOCA SUA PRÓPRIA FAMÍLIA EM APUROS, MAS QUEM REPUDIA O SUBORNO VIVERÁ MAIS E MELHOR. (PROVÉRBIOS 15.27)

Milhares de investidores foram enganados, e os prejuízos foram de mais de quinhentos milhões de dólares. Tudo não passava de uma grande fraude. Pessoas venderam o apartamento em que moravam para aplicar no negócio, e acabaram perdendo tudo. Logo, se há um grande lucro oferecido de maneira fácil, e você não consegue perceber quais são os riscos, é bastante provável que esteja caindo em um golpe.

Por isso, suspeite de propostas que parecem boas demais para serem verdadeiras. Um exemplo disso são produtos comercializados por um valor muito abaixo do preço de mercado, é bem possível que sejam fruto de roubo ou furto. Isso é bastante fácil de perceber, portanto, quem compra com esse tipo de negociante é conivente com seu delito. Mas, para evitar transtornos, certifique-se de que o vendedor tem credibilidade e de que o produto tem origem legal.

Lembre-se sempre que:

> É MUITO MELHOR POSSUIR POUCOS BENS COM HONESTIDADE DO QUE RIQUEZAS COM INJUSTIÇA. (PROVÉRBIOS 16.8)

CAPÍTULO 5

CUIDADO COM O QUE VOCÊ DIZ AOS SEUS AMIGOS

FOGO AMIGO

É preciso atentar-se ao fato de que estar em um ambiente harmonioso não significa que você esteja seguro, afinal precisamos sempre nos lembrar que as aparências enganam. Esteja certo de que, toda vez que você se destaca de alguma forma, muitos colegas, e até amigos, se sentem incomodados com o seu sucesso. A experiência revela que muitos conflitos no ambiente de trabalho são causados por "fogo amigo". Como disse anteriormente: "Deus me livre dos falsos amigos, porque dos inimigos eu sei como me proteger".

AMIGOS OU COLEGAS?

É fundamental saber diferenciar amigos de colegas. Muitas pessoas cometem o erro de considerar como verdadeiros amigos todas as pessoas que lhe demonstram simpatia. Bastam alguns minutos de conversa para que revelem coisas íntimas de suas vidas e até de seus projetos pessoais.

> CUIDADO! AS MUITAS AMIZADES PODEM LEVAR À RUÍNA [...] (PROVÉRBIOS 18.24)

Acontece que, por diversas vezes, consideramos alguém como nosso amigo, mas a recíproca não é verdadeira. Também ocorre que amigos se transformem em inimigos, e o principal motivo para isso é o simples fato de que os interesses deles, por algum motivo, podem entrar em conflito com os seus. Por isso, recomendo que não revele informações cruciais de sua vida para ninguém; nem mesmo para pessoas próximas.

Certa vez, eu e um colega do Ministério Público fomos processados por um ex-Ministro – que era suspeito de corrupção. Como ele pretendia nos intimidar, utilizou a fortuna obtida em negócios duvidosos e contratou advogados para abrirem processos contra nós. Contudo, sua tentativa de nos causar mal foi frustrada, uma vez que fomos absolvidos. O interessante é que, em meio a essa situação, havia um colega da carreira que trabalhou conosco na causa e dizia ser nosso amigo. Todavia, ele mentiu em seu depoimento, alegando que "mal nos conhecia". Ele temia ser processado, e, por isso, nos "jogou na fogueira".

Você só conhece uma pessoa verdadeiramente quando tem um conflito com ela.

COLOQUE-SE NO LUGAR DO OUTRO

> DENTE QUE BALANÇA E PÉ DESLOCADO SÃO ATITUDES SEMELHANTES A CONFIAR NO TRAIDOR NO DIA DA AFLIÇÃO!
> (PROVÉRBIOS 25.19)

Sempre que estiver em uma situação de conflito, coloque-se no lugar de seu adversário. Esse exercício mental lhe dará maior capacidade de compreender o problema e encontrar soluções pacíficas.

A terapia do policial

Se você não é policial e gostaria de ter uma experiência inesquecível e edificante, recomendo que peça emprestado a farda de um policial militar. Vista-a, e passe algumas horas pelas ruas de seu bairro fazendo uma ronda preventiva. Advirto, porém – apenas para esclarecimento – que a utilização indevida de farda militar por civil é crime, conforme o artigo 172 do Código Penal Militar. Portanto, ao fazer isso, siga às orientações do oficial que o acompanha.

Tenho certeza de que, em menos de uma hora, você terá experiências fantásticas. Convites? Somente para encontros emocionantes: assaltos, agressões, acidentes de trânsito e coisas assim.

Em palestras para policiais, costumo dizer o seguinte: "Quando você, policial, é chamado para intervir em uma ocorrência (como um roubo ou acidente, por exemplo), tem alguns minutos – às vezes apenas segundos – para decidir como agir. A Justiça, por outro lado, tem anos para analisar um caso, e chegar a uma sentença acerca de sua conduta!". Realmente, é uma responsabilidade enorme atuar como policial na linha de frente de combate à criminalidade.

A terapia do professor

Se você não é professor, eu lhe recomendo uma terapia maravilhosa: tome emprestado um jaleco branco de um amigo professor, vá até à escola onde ele atua e passe algumas horas em uma sala de aula com quarenta crianças. Você deve se atentar às seguintes regras: é proibido o uso de força física e de gritos.

Você entenderá porque nossos professores são tão valiosos e o quanto é difícil educar e orientar jovens. É fascinante como esses profissionais se dedicam aos seus alunos.

Além disso tudo, eles ainda têm de lidar com conflitos em relação às famílias dos alunos. Você descobrirá que quanto mais negligente uma família é com os filhos, mais agressiva será com os profissionais da escola, incluindo o professor. Fora isso, você experimentará uma das

> TODOS DEVERIAM SE COLOCAR NA POSIÇÃO DE UM POLICIAL MILITAR OU DE UM PROFESSOR, AO MENOS UMA VEZ NA VIDA!

maiores emoções de sua vida ao se reunir com os pais de um aluno para conversar sobre o comportamento indisciplinado dele.

COMO PREVENIR CONFLITOS EM SEU TRABALHO

Reúno aqui um conjunto de orientações práticas para a prevenção de conflitos em sua vida profissional, independentemente de qual seja o seu nível de autoridade – chefe ou subordinado – ou área de atuação profissional. Estas regras são válidas para todos.

Atue estritamente no cumprimento de suas funções

Você deve conhecer muito bem as leis que regem sua profissão ou atividade. Lembre-se que ninguém pode ser obrigado a fazer algo além de suas atribuições legais. Sendo assim, um policial militar, por exemplo, não deve atuar como assistente social; do mesmo modo, um professor não deve se arriscar a enfrentar uma gangue de criminosos, essa não é sua obrigação.

Contudo, muitos profissionais insistem em agir fazendo o que não é seu dever, e acabam se prejudicando. Ao se comportarem assim, possivelmente irão incidir em abuso de autoridade ou imprudência, por não conseguirem concluir a ação que se propuseram a realizar, uma vez que lhes falta capacitação.

Por isso, sempre que você tiver uma dúvida sobre como agir, fale com amigos ou colegas e, principalmente, peça orientação ao seu superior.

Certa vez, um policial militar estava a serviço em uma escola. Então a diretora pediu que ele fosse até à quadra esportiva. Ao chegar lá, havia um adolescente visivelmente embriagado, com uma arma de fogo na cintura. Todos estavam nervosos, pois temiam que o aluno pudesse fazer alguma besteira. O agente se aproximou do rapaz, imobilizou-o e o desarmou.

O jovem ficou bastante nervoso e tentou agredir o policial. Por isso, a única forma de contê-lo foi a imobilização, uma vez que ele era fisicamente maior que o agente. Contudo, o oficial não tinha certeza se a lei o autorizava algemar um adolescente, e se agisse em desacordo com a lei, poderia ser processado e até perder o emprego.

É possível algemar um adolescente para sua própria proteção. Ou seja, se ele estiver embriagado, drogado ou muito agitado, apresentando risco de ferir a si mesmo ou a terceiros. Contudo, em situações desse tipo, o policial deveria comunicar imediatamente ao seu superior o que estava acontecendo e lhe pedir orientação. Além de registrar o pedido de ajuda, se possível, por escrito.

Evite atuações isoladas

Você deve estar sempre em sintonia com as normas e os procedimentos de atuação da instituição ou empresa onde atua, mesmo que as considere injustas. Afinal, não adianta fazer o que você acredita ser certo, e depois ser processado ou perder seu emprego. Atuações isoladas sempre acarretam grande risco.

Em uma escola, o professor desconfiava que sua aluna sofria algum tipo de violência em casa, e suspeitava que o agressor fosse o pai. Então ele começou a investigar o caso sozinho, e descobriu marcas de queimadura no corpo da aluna. Tudo indicava que o pai torturava a própria filha, apagando cigarros na barriga dela. Decidido a fazer justiça e impedir que a adolescente continuasse a sofrer, foi sozinho à delegacia e registrou ocorrência acusando o pai pelo crime.

Porém, embora as acusações feitas pelo professor fossem verdadeiras, sua forma isolada de agir gerou uma suspeita, pois não estava claro como ele havia descoberto as marcas no corpo da menor. Aproveitando-se disso, o pai abusador alegou que o educador tinha um envolvimento sexual com a adolescente, e que por isso havia feito as acusações a fim de prejudicá-lo.

Ao final, foi provado que o professor não teve nenhum envolvimento pessoal com a aluna, porém a sua atuação isolada levantou sérias suspeitas a seu respeito. Além de arriscar sua carreira profissional, prejudicou a punição do pai violento, que acabou sendo absolvido.

Analisando a forma como o profissional agiu, observa-se que ele ficou realmente em situação delicada. O correto seria ter recorrido à direção da escola e comunicado a suspeita de abuso. Assim, o caso poderia ter sido devidamente encaminhado [pela diretora responsável pela instituição] à polícia, que apuraria os fatos com segurança.

Houve ainda um caso, que presenciei ao sair de um supermercado, no qual um policial estava envolvido. Ouvi gritos próximos ao meu carro, então me aproximei e vi uma senhora muito bem vestida, colocando algumas compras dentro de seu carro importado, enquanto gritava palavrões dirigindo-se a um policial militar.

Observando melhor, vi que havia um recibo de multa no para-brisa do carro da mulher, e logo entendi o motivo de sua revolta: ela estacionou seu carro indevidamente em uma vaga reservada a pessoas portadoras de deficiência. Indignada com a multa, simplesmente começou a xingar o agente público. Aos poucos, algumas pessoas foram se aproximando e carros buzinavam em apoio à mulher. Porém, o policial permanecia imóvel. A mulher, então, pegou a multa e a rasgou na frente dele, entrou em seu carro e saiu em alta velocidade. Humilhado em público, o policial retomou calmamente sua rotina de trabalho.

A princípio, não entendi a conduta daquele profissional. Ele poderia ter prendido a mulher em flagrante, por desacato à autoridade. Mas ele não fez isso, e eu me questionava acerca de sua motivação.

Só fui compreender a atuação estratégica do policial alguns dias depois quando refleti sobre as possíveis consequência de suas ações.

Coloque-se na posição do policial no exato momento em que a mulher lhe dirigia palavras agressivas. Havia duas opções, a primeira, prendê-la por desacato à autoridade.

Bem, se com a multa de trânsito a senhora ficou intensamente irada, imagine qual seria sua reação ao receber voz de prisão. É importante considerar que o policial estava sozinho na ocasião. É quase certo que ela tentaria agredi-lo fisicamente, e ele seria obrigado a se proteger, imobilizando-a. A mulher certamente teria seu vestido rasgado, marcas em seu corpo seriam inevitáveis, devidas à compressão física para contê-la. Ao chegar à delegacia de polícia, provavelmente o agente não encontraria testemunha alguma para esclarecer os acontecimentos.

Ele estaria sozinho, com uma mulher irada e com as roupas rasgadas alegando abuso de autoridade. Não faltariam jornalistas que, sem ao menos ouvir o policial, lançariam manchetes sensacionalistas do tipo: "Mulher é agredida por policial violento". A essa altura, ele provavelmente já estaria orando para que ela não fosse amiga, esposa ou parente de alguma autoridade (delegado, juiz, deputado ou promotor). Assim, se tudo corresse bem para o policial, ele seria punido com uma prisão disciplinar de 30 dias.

Porém, havia uma segunda opção, e foi a escolhida por ele. Mesmo sendo ultrajado em público, não reagiu à humilhação, preservando assim o emprego e, consequentemente, o sustento de sua família. Como o crime de desacato exige que o agente público se sinta ofendido, o policial, de forma muito sábia, preferiu não alegar tal situação, pelos excelentes motivos que acabei de descrever. Desse modo, ele evitou a desagradável experiência de cumprir a lei e receber como prêmio uma punição.

> MUITO MELHOR É O HOMEM PACIENTE QUE O GUERREIRO, MAIS VALE CONTROLAR AS EMOÇÕES E OS ÍMPETOS DO QUE CONQUISTAR TODA UMA CIDADE!
> (PROVÉRBIOS 16.32)

Registre os fatos importantes por escrito

Você sempre deve fazer o registro escrito dos fatos importantes de sua vida. Não importa se é algo positivo – um projeto bem-sucedido ou atuação meritória – ou negativo – como um furto ou uma ameaça sofrida. Tudo o que envolve sua vida, tanto no aspecto profissional como no pessoal, deve ser documentado. Isso significa que você terá provas sobre fatos relevantes, como fotos, gravações, declarações, entre outros.

Se você sofrer uma ameaça em seu trabalho, pode comunicar o ocorrido ao seu chefe por *e-mail* ou WhatsApp. Não há necessidade de acusar a pessoa envolvida. O importante é registrar o fato de ter sido intimidado, documentando o que aconteceu, e guardar a evidência de que seu superior estava ciente disso.

Também é interessante que você tenha por escrito os elogios que receber em seu exercício profissional. Por isso, quando alguém elogiar você, peça para que a pessoa lhe envie a congratulação escrita em um *e-mail* ou mensagem; assim você também poderá ter um registro do agradecimento recebido. Isso fará muita diferença, pois você terá uma prova incontestável de sua correta atuação profissional.

Certa vez, uma servidora pública fez a seguinte pergunta em uma palestra: "Meu chefe pede que eu dê atenção especial aos processos que interessam aos amigos dele. Ele nunca me pediu para realizar algo ilegal, mas tenho medo de que algum dia me encontre em meio a alguma confusão. O que devo fazer para me proteger?".

Respondi para ela o seguinte: "Toda vez que seu superior lhe pedir algo anormal ou não habitual, envie--lhe um *e-mail* com a seguinte introdução: 'Sr. Chefe, conforme a solicitação feita hoje pelo senhor...' e relate o que você fez". Ao agir assim, você dará uma satisfação ao seu chefe sobre a demanda que ele lhe passou e, ao mesmo tempo, fazendo prova da ordem recebida de seu superior – o que poderá servir como prova a seu favor futuramente. Bingo!

Uma vez, a diretora de uma escola foi ameaçada de morte pelo pai de um aluno. Muito nervosa, ela telefonou para a Secretaria de Educação e solicitou que tomassem providências urgentes para garantir sua proteção. Passaram-se mais de duas semanas e nada foi feito por parte da autoridade contatada.

Quando ela me relatou a situação, orientei-a a agir de uma forma estratégica: "Você não agiu corretamente. Um caso como esse deve ser registrado formalmente, e escrito no livro de ocorrências da escola – o que ela também não tinha feito. Em seguida, envie um ofício para a Secretaria de Educação solicitando providências urgentes, constando expressamente o seguinte: 'Qualquer violência física ou psíquica que eu venha sofrer a partir deste momento será responsabilidade de V. Exa., que desde já fica cientificada acerca dessa grave situação'".

A diretora da escola fez conforme orientei e, no dia seguinte, foi transferida para outra escola e colocada em lugar seguro. Ou seja, registros e comunicações formais por escrito podem fazer **milagres**.

Mantenha o arquivo de todos os registros

Aconselho também que você mantenha um arquivo pessoal de todos os casos ou projetos dos quais tenha participado de alguma maneira. Inclua nele notícias de jornal e elogios funcionais, bem como qualquer documento que evidencie algo a seu favor. Esse arquivo é uma verdadeira **certidão de bons antecedentes profissionais**, que pode ser útil em diversas situações, inclusive para fins de promoção ou futuros elogios.

Se você tiver um registro de sua atuação profissional em seu poder, não dependerá de outros para testemunharem acerca de seu bom trabalho. Isso, porque, em situações adversas, até os melhores amigos podem lhe abandonar.

Em certa ocasião, uma policial militar notou que um jovem estava chorando no pátio da escola durante a hora do recreio. Ao se aproximar, conseguiu conversar com a criança e descobriu que ele sofria graves abusos ali. O jovem era vítima de humilhação e violência física praticadas por seus colegas de sala, mas até aquele momento não havia revelado o fato para pessoa alguma.

A policial fez os encaminhamentos e registros corretamente, e, com o auxílio da escola, obteve uma solução pacífica para o caso. Por causa de sua atuação, a policial recebeu um elogio por escrito do comandante--geral da Polícia Militar. Isso lhe garantiu prestígio e mérito que certamente farão toda a diferença para que obtenha futuras promoções em sua carreira.

Nunca atue sozinho em casos difíceis

As situações que caracterizo como casos difíceis são aquelas em que há alto risco de conflito, como reuniões com pessoas agressivas ou adversários, por exemplo. Portanto, sempre que você tiver de lidar com algo assim, solicite a um colega ou outra pessoa que participe com você do encontro proposto. Isso lhe dará proteção, especialmente contra futuras acusações injustas.

Durante muitos anos, participei de investigações contra a corrupção federal e o crime organizado.[1] A maioria dos trabalhos que realizei aconteceram com a ajuda de um colega, também Procurador da República. Em um dos casos, o chefe da organização possuía um avião de treze milhões de dólares, além de hotéis e *shopping centers* no Brasil e no exterior. Vários homicídios tinham sido encomendados por ele contra jornalistas, policiais e desafetos. É evidente que eu estava receoso quanto à minha segurança pessoal. Por isso, vários colegas assinaram as ações criminais, mesmo não atuando diretamente no caso. Eles concordaram em fazer isso a fim de me proteger. Quando vários agentes públicos participam de uma atuação, todos ficam protegidos contra possíveis retaliações ou ameaças.

Profissionais de escolas, hospitais e órgãos públicos podem utilizar essa mesma estratégia ao enfrentar casos difíceis, assinando em conjunto documentos, registros e encaminhamentos a autoridades.

---

[1] Atuei em investigações, no Brasil e no exterior, contra a corrupção e o crime organizado. Entre os casos mais importantes, destacam-se: o escândalo dos aviões da FAB; o caso BANESPA; o caso Marka-Fonte Cindam; o caixa dois da Campanha do Presidente FHC em 1998; o caso de corrupção no Serpro; a Operação Vampiro; a Operação Anaconda; a Guerrilha do Araguaia; a Operação Ilhas Cayman e o escândalo do painel do Senado.

COMO AJUDAR AS PESSOAS SEM SE PREJUDICAR

Em conflitos alheios, a estratégia básica é não se posicionar mostrando preferência por uma das partes. Ouça os envolvidos, mas não diga a sua opinião. Peça para que mantenham a calma e reflitam melhor, mas não se posicione abertamente a favor de ninguém.

> COMO ALGUÉM QUE DECIDE PEGAR UM CÃO PELAS ORELHAS, ASSIM SOFRE AQUELE QUE SE METE EM DISCUSSÃO ALHEIA! (PROVÉRBIOS 26.17)

É bastante comum que as pessoas envolvidas em um conflito se reconciliem depois de um tempo; mas, se você defendeu uma das partes, possivelmente haverá um novo embate, só que dessa vez será contra você. Muitas vezes, as pessoas distorcem o que foi dito, uma vez que estavam envolvidas emocionalmente na ocasião. No momento de tensão, podem ter compreendido de forma errada algo que você falou.

Outro risco é que um dos envolvidos se aproveite de algo que você disse – distorcendo ou não – para lhe transferir a responsabilidade do ocorrido. Por mais que você tenha tentado ajudar, pode acabar sendo

> O HOMEM VIOLENTO ALICIA SEU PRÓPRIO AMIGO E O GUIA PELAS TRILHAS DO MAL. (PROVÉRBIOS 16.28)

acusado por criar o conflito. E a culpa é sua, por ter dito o que não devia.

Em algumas situações, ajudar na resolução de conflitos é extremamente necessário. Como em caso de um vizinho envolvido com drogas ou um colega de trabalho corrupto, por exemplo. Mas, se por um lado, há uma urgência na resolução do problema, por outro é muito razoável ter receio em se envolver no caso, ainda que apenas comunicando o caso às autoridades, pois você pode sofrer retaliações e ser bastante afetado.

Para situações de alto risco, existem duas regras básicas:

Primeira regra: evite riscos desnecessários

Um dos cuidados que você deve ter é o de não se identificar ao transmitir informações às autoridades. Certamente você tem uma família, profissão e pessoas com quem se importa. De modo que, se fizer uma denúncia e for identificado, colocará tudo em risco. Isso, porque os envolvidos com o crime poderão descobrir quem denunciou o caso e ameaçar ou procurar meios para se vingarem de você.

> O PRUDENTE PERCEBE O PERIGO E BUSCA REFÚGIO; O INCAUTO, CONTUDO, PASSA ADIANTE E SOFRE AS CONSEQUÊNCIAS. (PROVÉRBIOS 22.3)

Sendo assim, sempre que for ajudar alguém, tome as devidas medidas de segurança, pois, do contrário, acabará sofrendo algum prejuízo. Se isso acontecer, é provável que você nunca mais se disponha a oferecer auxílio em casos semelhantes, o que não é bom, uma vez que as denúncias de injustiças e violações de direitos precisam ser feitas.

Em certa ocasião, um funcionário público tomou conhecimento de crimes praticados por uma organização criminosa. Como não presenciou nada, mas soube do caso pelo testemunho de outras pessoas, comunicou acerca do que ouviu ao delegado de polícia. Ele pediu para não ser identificado como autor da denúncia, pois tinha medo de represálias. Entretanto, foi surpreendido, tempos depois, ao receber uma intimação para depor como testemunha do caso, tendo de encarar pessoalmente os acusados, criminosos de grande perigo. Esse profissional nunca mais procurou a polícia para comunicar casos de crimes de que tomava conhecimento, pois perdeu a confiança nas autoridades.

Segunda regra: não seja omisso

Você nunca deve ser conivente com violência ou injustiça.

Ao cumprir a primeira regra, você garante a sua segurança pessoal. Porém, cumprindo a segunda, colabora para uma sociedade mais justa.

> REFLETI SOBRE ISTO, POIS: QUEM SABE QUE DEVE FAZER O BEM E NÃO O FAZ, COMETE PECADO. (TIAGO 4.17)

Quando se deparar com uma situação de injustiça, analise bem os fatos e cuide para não se deixar levar pelo nervosismo, precipitação ou indignação. Nesses momentos, é preciso analisar friamente as evidências, uma vez que acusações injustas ou precipitadas podem causar um mal irreparável à vida de pessoas inocentes. Esteja seguro no que diz a respeito dos fatos, pois as aparências podem enganar.

Em um caso real, havia uma criança internada no hospital em razão de ferimentos físicos sofridos. A mãe havia alegado que a criança sofrera um acidente em casa, porém a enfermeira desconfiou de sua constatação e começou a investigar o caso. Então, descobriu que a própria mãe espancava a menina com frequência, sendo essa a verdadeira causa dos ferimentos. A profissional da saúde tomou o cuidado de agir em sigilo, e fez os encaminhamentos corretamente para a direção do hospital, de modo que o caso foi encaminhado para a Justiça.

Dias depois, ao chegar no hospital, a mãe foi impedida de ver a filha por ordem do Juiz da Infância. Muito revoltada, ela perguntou para a atendente da portaria quem havia denunciado o caso, e a funcionária lhe contou. Ao saber disso, a mãe da menina ameaçou a profissional de morte e ainda tentou agredi-la fisicamente.

Observe que no caso real a profissional tomou todos os cuidados devidos, isso é, investigou a suspeita discretamente, e depois fez o encaminhamento para a direção do hospital. O grande erro, porém, foi ter falado sobre o ocorrido com os colegas de trabalho.

> [...] QUEM FALA SEM REFLETIR ACABA SE ARRUINANDO.
> (PROVÉRBIOS 13.3)

Não basta ter os cuidados formais. É preciso manter o sigilo das informações também entre os colegas de serviço, amigos e familiares.

Há situações, porém, em que não é aconselhável ajudar algumas pessoas.

Isso pode parecer contraditório, mas não é. Não se coloque à mostra em situações que envolvam pessoas incorrigíveis, aquelas que insistem em praticar o mal. Especialmente se estão tomadas pelo ódio, pois não devem ser livradas do castigo.

> A PESSOA IRACUNDA TEM DE SOFRER AS CONSEQUÊNCIAS DO SEU MAU GÊNIO; PORQUANTO, SE TU A LIVRARES, VIRÁS A TER DE REPETIR TAL AJUDA VEZ APÓS OUTRA.
> (PROVÉRBIOS 19.19)

CAPÍTULO 6

VOCÊ É FRACO QUANDO SE ACHA FORTE

COMO PREVENIR CONFLITOS

Prevenir conflitos significa agir antecipadamente para evitar a sua ocorrência ou minimizar seus danos. As estratégias para que isso aconteça variam conforme as características de cada caso. Mas é possível estabelecer algumas orientações gerais.

A VERDADE

Por muitos anos, participei de investigações criminais de repercussão nacional e internacional, como as operações Guerrilha do Araguaia, Anaconda e Vampiro, entre outras. Em todos esses casos, observei que é comum que quando alguém diz a verdade seu corpo e sua voz evidenciem isso. Quem afirma

> O PERVERSO CAI EM CONTRADIÇÃO E SE ENREDA EM SEU PRÓPRIO FALAR MALICIOSO, MAS O JUSTO NÃO SE PREOCUPA POR FALAR FRANCAMENTE.
> (PROVÉRBIOS 12.13)

> SUA MAIOR ALIADA EM SITUAÇÕES DE CONFLITO É A VERDADE!

algo verdadeiro pode testemunhar mil vezes sem medo de se confundir.

Entenda que, ao ser flagrado em uma mentira, você perde toda a sua credibilidade. Ao mentir, tudo o que você diz passa a estar sob suspeita. Por isso, tenha como hábito em sua vida sempre dizer a verdade, mesmo em situações cotidianas.

Contudo, é necessário ter sabedoria para dizer a verdade. Isso significa avaliar a melhor maneira de falar, as palavras adequadas e a hora certa. Falar a verdade sem estratégia pode ser mais danoso que mentir.

Por esse motivo, trarei algumas orientações práticas que podem lhe ajudar a dizer a verdade e, ao mesmo tempo, preservar a sua vida pessoal, isto é, sua intimidade, projetos e sonhos.

> MAÇÃS DE OURO COM ENFEITES DE PRATA É A PALAVRA FALADA EM TEMPO OPORTUNO.
> (PROVÉRBIOS 25.11)

Certa vez, uma empresária adquiriu um apartamento. O valor combinado pela venda foi de cem mil dólares. No dia do pagamento, ela pediu para que fizessem constar no contrato um valor menor, a fim de pagar menos imposto de transmissão. O vendedor concordou, e o valor registrado para a venda foi substancialmente diminuído para cinquenta mil dólares. Com isso, em vez de pagar dois mil dólares de imposto (2% de 100 mil dólares), a compradora pagou apenas mil dólares (2% de 50 mil dólares). O problema é que o vendedor do imóvel estava sendo investigado por corrupção em licitações públicas. Duas semanas depois, todos os seus bens foram bloqueados pela Justiça, inclusive o apartamento vendido para a empresária. Por ser muito abaixo da média, o valor registrado para o negócio gerou muitas suspeitas, inclusive a de que a venda tinha sido simulada. Fato é que a mentira custou caro.

Tenha cuidado com o que diz

Se você expuser determinados fatos de sua vida para as pessoas erradas, poderá gerar muitos problemas. Como regra, você deve ser cuidadoso ao fornecer informações pessoais ou profissionais a seu respeito. Muitos, sem perceber, cometem o equívoco de revelar fatos íntimos de suas vidas para pessoas indevidas, às vezes até mesmo para desconhecidos.

Imagine a seguinte situação: alguém telefona para a sua casa enquanto você está em uma viagem de negócios. Então sua empregada atende à ligação e informa que você "está viajando a negócios". Aparentemente não há nada errado nisso. O problema é que, se a pessoa que fez a ligação tiver interesse em assaltar sua casa, por exemplo, a informação será muito valiosa e pode se tornar algo gravíssimo.

Isso também ocorre no ambiente de trabalho. É muito comum que a secretária atenda uma ligação e diga exatamente o que o chefe está fazendo, ou seja, informa se ele está viajando, ou em reunião, por exemplo. É preciso tomar bastante cuidado em situações como essas.

Em certa ocasião, criminosos que planejavam realizar um crime telefonaram para o escritório da vítima e perguntaram para sua secretária onde poderiam encontrá-la. Disseram que eram dos Correios e que tinham uma encomenda para entregar. Então a secretária disse o endereço e a hora em que seu chefe chegaria. Os criminosos ficaram a postos e o assaltaram assim que ele regressou ao local de trabalho.

Para evitar situações de risco, basta orientar seus empregados a dizer que você não se encontra presente no momento, sem detalhar a que horas chegará ou o que está fazendo. Essa orientação vale para todas as pessoas de seu relacionamento, inclusive familiares. Uma atitude simples como essa preserva sua intimidade e sua segurança. Isso, porque informações aparentemente banais podem colocar em risco sua segurança pessoal.

Muitos assaltos a residências ocorrem porque os criminosos ficam sabendo que os donos estão ausentes. Por isso, diga a seus empregados que, quando desconhecidos fizerem indagações, devem fornecer informações resumidas, como: "Ele está ocupado no momento", sem revelar qualquer fato de sua vida sob hipótese nenhuma.

Essas orientações diminuem os riscos de assaltos e sequestros. Você pode adaptá-las à sua realidade pessoal e familiar, mas jamais as despreze. Quem já foi vítima da violência urbana sabe como isso é importante.

Sendo assim, entenda que ser verdadeiro não significa que você deve revelar toda a verdade a qualquer pessoa e em qualquer circunstância. Existem situações especiais que podem justificar a omissão de algumas informações. Considere que:

- Você não é obrigado a responder tudo o que lhe perguntam.

- Preserve a sua intimidade e a de sua família.

- Sua segurança pessoal pode estar em risco se você revelar informações pessoais para pessoas mal-intencionadas.

- Não revele seus projetos pessoais para adversários ou desconhecidos.

Certa vez, um homem entrou no salão de beleza procurando por sua esposa. Ele estava visivelmente nervoso e demonstrava a clara intenção de agredir sua mulher. Embora as pessoas presentes ali soubessem onde ela estava, nada disseram a ele.

Em outra situação, o pai perguntou ao filho mais velho onde estava o caçula. Sabendo que o pai tinha graves problemas no coração, ele não lhe contou que o irmão mais novo estava hospitalizado em estado grave, a fim de preservá-lo naquele momento. Ele temia que o pai tivesse um ataque cardíaco se soubesse a verdade imediatamente.

Em determinadas situações, você pode omitir a verdade para garantir um bem maior. Isso deve ser avaliado de maneira pessoal. Portanto, sugiro que você tenha sempre cautela e que busque aconselhamento estratégico e, assim, revele apenas aquilo que convém diante de cada circunstância da vida, e de acordo com o momento mais apropriado.

Como dizer a verdade de maneira sábia

Ao dizer a verdade, é preciso utilizar uma estratégia para cada situação. Você não deve dizer todos os detalhes sobre sua vida pessoal ou profissional.

> QUEM REFLETE ANTES DE FALAR EVITA MUITOS DISSABORES E SOFRIMENTOS. (PROVÉRBIOS 21.23)

Houve o caso de um funcionário de uma empresa que viajou a fim de fazer uma entrevista para um novo emprego, e não contou esse fato ao seu chefe. Em razão disto, faltou ao trabalho em uma segunda-feira. Ao retornar, o patrão lhe perguntou onde ele esteve e o que havia feito no fim de semana. O rapaz disse: "Tive de viajar para resolver uma questão pessoal".

Observe que ele não mentiu, mas também não revelou informações que poderiam prejudicá-lo. O ideal é ser o mais breve possível, e dizer algo como "questões pessoais" ou "questões familiares". Essas expressões permitem que você diga a verdade e, ao mesmo tempo, preserve seus interesses.

Se o funcionário tivesse mentido, dizendo que teve problemas com o carro, por exemplo, ou outra coisa qualquer, essa informação falsa poderia gerar uma confusão e se tornar uma "bola de neve". Quando se conta uma mentira, é difícil controlar as consequências. Dois ou três meses depois, o chefe poderia perguntar: "Não teve mais problemas com seu carro?". E o funcionário muito provavelmente não se lembraria daquela mentira, e a farsa seria descoberta. A partir de então, tudo o que dissesse estaria sob suspeita.

Situações de injustiça

Quando se trata de acusações injustas, a melhor coisa que você pode fazer é ficar em silêncio. Tenha muito cuidado, e não se precipite apresentando sua defesa antes da hora, pois podem utilizar suas palavras contra você mesmo. Muitas vezes, aquele que acusa injustamente não tem argumento algum contra você, apenas alegações genéricas. Se você apresentar sua defesa antes da hora, ele poderá deturpá-la e fabricar novas acusações.

Há situações nas quais você deve falar, e outras em que o melhor é se calar.

> ATÉ MESMO O TOLO PASSARÁ POR SÁBIO, SE CONSERVAR SUA BOCA FECHADA; E, SE DOMINAR A LÍNGUA, PARECERÁ ATÉ QUE TEM GRANDE INTELIGÊNCIA.
> (PROVÉRBIOS 17.28)

Provavelmente, em algum momento de sua vida, você será vítima de perseguições ou prejulgamentos injustos. Não adianta "dar murro em ponta de faca". Quando isso acontece, é preciso ter uma estratégia especial.

> MUITAS VEZES, O RÉU MAIS DIFÍCIL DE DEFENDER É O INOCENTE.

É comum que o inocente acabe falando demais. Contudo, é fundamental entender que não basta dizer a verdade, mas também avaliar com cuidado quando e para quem a revelar.

Houve um caso em que uma acusação injusta foi feita a uma pessoa, tentaram incriminá-la por fraude, mas as alegações eram vagas e imprecisas. Por ser inocente, a acusada apresentou suas provas antes da hora. Ingênua, comentou sobre sua defesa até com colegas de trabalho. Munidos com as informações que ela mesma forneceu, os perseguidores alteraram a acusação, distorceram os fatos e propuseram um novo processo, dessa vez com mais dados.

É muito comum o inocente dizer: "Não tenho nada a esconder, não devo nada a ninguém". Porém, essa não é a atitude mais sábia a se tomar.

> QUEM RESPONDE ANTES DE OUVIR COMETE GRANDE TOLICE E PASSA VERGONHA!
> (PROVÉRBIOS 18.13)

Quando você sentir que há alguma trama contra você, não diga nada. Não perca tempo tentando desmentir acusações falsas. Se isso envolver alguém próximo a você – seu chefe, sua esposa ou um amigo, por exemplo –, esclareça os fatos diretamente para essa pessoa e mais ninguém. O importante é não permitir que a mentira contamine seus aliados.

Assim, também, se você ouvir algo muito agressivo e injusto contra você, não reaja imediatamente. Mantenha a calma e espere. Deixe que a pessoa esgote tudo o que tem a dizer. Quem age de modo agressivo acaba percebendo o próprio erro só ao falarem sozinhas. O silêncio funciona como um espelho: a pessoa ouvirá a si mesma e se dará conta da falha que está cometendo. Mas, se você revidar, ela não irá reconhecer a culpa e pode até se tornar mais agressiva.

> O TOLO REVELA DE IMEDIATO SEU ABORRECIMENTO, MAS A PESSOA PRUDENTE IGNORA O INSULTO!
> (PROVÉRBIOS 12.16)

Em determinada ocasião, uma promotora de justiça estava em uma audiência de julgamento no fórum. Também estavam presentes o juiz, o réu e o advogado de defesa. Ao ser dada a palavra à promotora, ela perguntou ao réu como era o relacionamento dele com a sua mãe. Repentinamente, o rapaz começou a insultar a promotora com todos os palavrões que você possa imaginar. Ele ficou tão nervoso que os policiais tiveram de segurá-lo para contê-lo. Ela, porém, ficou calada e desconsiderou as agressões.

Depois de dois ou três dias, o réu, que já havia sido preso, pediu para encontrar a promotora de justiça e lhe pediu desculpas por sua atitude, ele chorava demonstrando arrependimento. Na verdade, descobriu-se que o jovem tinha uma profunda revolta contra a mãe. Isso, porque ela o havia abandonado quando ele ainda era pequeno. Esse foi o motivo oculto para a sua reação agressiva àquela pergunta.

Diante de xingamentos, você deve se calar imediatamente, sair do local e procurar por alguém que possa lhe ajudar e garantir sua segurança. Não se esqueça de fazer o registro formal do ocorrido. Em muitos locais – aviões, repartições públicas, escolas e condomínios –, há um livro especial para registro de ocorrências. É importante documentar esse tipo de situação para a sua própria segurança, mesmo que o agressor se arrependa e até se desculpe por seus atos. Essa atitude é uma forma de prevenção, pois você não sabe o que as pessoas podem alegar no futuro.

Além disso, entenda que não vale a pena revidar agressões verbais, nem tentar convencer uma pessoa que se encontra desequilibrada emocionalmente a se desculpar quando o conflito ocorre. Mesmo que lhe dirijam mil palavras ofensivas, basta você chamar o agressor de "desequilibrado" e estará tão errado quanto ele. A melhor resposta para casos como esses é o silêncio.

> UMA CIDADE ABERTA, SEM MURALHAS, TAL É O HOMEM SEM AUTOCONTROLE!
> (PROVÉRBIOS 25.28)

Boatos

Infelizmente, é recorrente que pessoas inocentes sejam difamadas. Para enfrentar boatos injustos, recomendo o seguinte:

> AS PALAVRAS DO TAGARELA FEREM COMO ESPADA DE DOIS GUMES [...] (PROVÉRBIOS 12.18a)

- Primeiro, tome conhecimento de tudo o que está sendo dito contra você. Seja paciente e controlado, e espere que as pessoas revelem o que sabem, sem tentar se defender precocemente. É preciso sangue-frio nessa hora, aguente firme.

- Analise com cuidado quem está trazendo a informação e o contexto em que essa pessoa soube disso. Quem fala dos outros acaba revelando bastante sobre si mesmo, muito mais do que imagina.

- Nunca divulgue um boato contra você mesmo. Pode parecer óbvio, mas muitas pessoas, a pretexto de se defenderem de algo, expõem-se em excesso. Normalmente ocorre o seguinte: "Tem gente dizendo por aí que eu sou desonesto, mas isso é mentira". Agir assim equivale a dar um tiro no próprio pé. Ou seja, não se defenda de um boato anunciando-o para os outros.

- Fique em silêncio. Quando você tenta se defender de boatos, quase sempre se prejudica. Muitos pensam que "onde há fumaça há fogo". Isso é, se alguém é difamado sob alegação de desonestidade, é porque há alguma verdade nisso.

Uma das maiores injustiças que podemos cometer é condenar alguém sem lhe dar direito de se defender. Quem já sofreu alguma acusação injusta sabe como é fácil ser julgado pelas aparências. Se você age assim, não reclame quando for vítima dessa injustiça. Você será julgado pela mesma medida com que julgar as pessoas.

> POIS COM O CRITÉRIO COM QUE JULGARDES, SEREIS JULGADOS; E COM A MEDIDA QUE USARDES PARA MEDIR A OUTROS, IGUALMENTE MEDIRÃO A VÓS.
> (MATEUS 7.2)

Quando você ouvir um boato que envolva um amigo seu, posicione-se imediatamente, seja para contraditar: "Eu não acredito!", ou para colocar em dúvida os fatos até que a pessoa envolvida possa se pronunciar: "Acho melhor ouvir o que ele(a) tem a dizer". Se não agir assim, está se tornando cúmplice da intriga.

Quanto menos intrigas você ouvir, menor a chance de se tornar vítima delas. As pessoas lhe respeitarão muito mais. Em pouco tempo, elas terão maior consideração por você, pois perceberão que não se corrompe com a língua mentirosa.

Em escolas há algo, infelizmente, bastante comum. Muitos professores conversam

> AS PALAVRAS BONDOSAS REVIGORAM A NOSSA VIDA, ENTRETANTO O FALAR PERVERSO DESANIMA O ESPÍRITO.
> (PROVÉRBIOS 15.4)

sobre a intimidade dos alunos sem cuidado algum. Questões relacionadas a suspeitas de abusos físicos ou sexuais e problemas de comportamento, por exemplo, são objeto de conversas em reuniões com todos os professores da escola. Isso é um absurdo! É importante que os educadores se coloquem no lugar de seus alunos, e assim não os exponham, preservando a intimidade e a imagem deles.

> NÃO FAÇA ÀS PESSOAS O QUE VOCÊ NÃO QUER QUE LHE FAÇAM!

PRESERVE SUA VIDA PESSOAL

Você não imagina o quanto revela de sua vida para as pessoas sem perceber. Um comentário ingênuo sobre uma viagem, algo especial que você comprou ou até uma doença que você teve podem revelar bastante a seu respeito.

Não fale quanto você ganha, nem sobre seus bens. Não há problema algum em usar um relógio caro, por exemplo, mas nunca diga aos outros quanto pagou por ele. Você pode despertar a cobiça, especialmente de pessoas próximas, colegas de trabalho, empregados domésticos e até amigos.

É comum encontrar pessoas que são muito descuidadas com sua intimidade e a de sua família. Basta ir a um salão de beleza ou a um restaurante, por exemplo, e logo serão obtidas informações confidenciais sobre quem frequenta o lugar. Aguarde alguns minutos e certamente ouvirá comentários sobre a vida alheia. Falam desde a infidelidade praticada ou sofrida, até envolvimento com drogas, de amigos ou familiares.

Em reuniões de trabalho também é muito frequente ouvir pessoas comentarem sobre questões bastante particulares de suas vidas e de suas famílias, como: "Minha esposa faz terapia há dois anos", ou "Meu filho está muito revoltado". Basta tomar alguns cuidados fundamentais e você evitará muitos problemas.

> QUEM VIVE CONTANDO CASOS SIGILOSOS NÃO SABE GUARDAR SEGREDOS; PORTANTO, EVITA A COMPANHIA DE QUEM FALA DEMAIS.
> (PROVÉRBIOS 20.19)

O funcionário de uma empresa vendeu seu carro importado. Por descuido, comentou com todos os seus colegas de trabalho que conseguiu fazer um ótimo negócio, e revelou até o valor da negociação: trinta mil dólares. Acontece que uma pessoa entre aquelas que ouviram a história passava por dificuldades financeiras e, ao tomar conhecimento do fato, decidiu extorquir o funcionário: chamou dois amigos para ajudá-lo, e eles telefonaram para a casa da vítima, ameaçando sequestrar seus filhos caso não lhe pagasse um resgate com valor altíssimo.

Outro cuidado essencial é conhecer melhor quem deseja ajudar. Pois você poderá despertar inveja e cobiça ao oferecer auxílio a pessoas erradas.

Havia um empresário que tratava um de seus empregados como filho. Porém, esse funcionário tinha ambições materiais muito grandes. Convivendo com o dono da empresa, conheceu a rotina e os detalhes acerca de sua família. Então, um amigo lhe deu uma ideia infeliz: sequestrar o filho de seu patrão. Tudo acabou em tragédia, pois a criança reconheceu o empregado no cativeiro e acabou sendo morta.

Proteja suas ideias

Há mais de 150 anos que os norte-americanos revelam suas ideias ou projetos somente após terem feito o devido registro. Os grandes inventores já sabiam que o "pai" da ideia é quem tem o direito autoral sobre ela.[1] Não são poucos os casos de pessoas que passaram anos desenvolvendo uma valiosa invenção, mas, ao final, não tiveram direito a nada, porque outra pessoa a registrou primeiro.

Se você tiver um projeto em mente, não fale para todo mundo acerca disso. Essa ideia pode valer muito, e é possível que outros se aproveitem de você e a desenvolvam em seu lugar, sem lhe dar mérito algum. Pessoas bem-sucedidas não revelam seus projetos antes de garantir o registro ou a propriedade sobre sua criação.

No Brasil, muitos inventores acabam sendo descuidados no registro de patentes e passam uma

---

[1] **8 invenções de Thomas Edison que mudaram o mundo.** Publicado por Revista Galileu em 14 de fevereiro de 2017. Disponível em *https://revistagalileu.globo.com/Tecnologia/noticia/2017/02/8-invencoes-de-thomas-edison-que-mudaram-o-mundo.html.* Acesso em 5 de maio de 2020.

vida inteira na amargura do arrependimento. Isso, porque não foram cuidadosos com a divulgação de suas invenções. Portanto, tenha bastante cuidado e zele por seus planejamentos e sonhos. Não faça de seus projetos pessoais assunto de mesa de bar ou reunião de amigos. Seus planos só devem ser revelados às pessoas depois de registrados e devidamente protegidos.

Informações que não devem ser reveladas

Certos detalhes sobre a sua vida não devem ser expostos a pessoa alguma, nem a seus amigos. São informações estratégicas sobre experiências, projetos ou sonhos importantes.

Quando se revela um sonho ou um projeto para alguém – mesmo que seja um amigo ou alguém de sua família –, essa pessoa certamente criará uma expectativa. Em encontros posteriores, possivelmente fará perguntas sobre o andamento desse projeto, e pode até começar a questionar, a todo o momento, sobre o assunto. Com o passar do tempo, isso poderá lhe causar um sentimento de fracasso, pois nem sempre os planos se concretizam de acordo com o que esperamos. Além disso, se você revelar suas ideias a todas as pessoas, alguns podem não as aprovar e tentar prejudicá-lo em sua realização.

Certa vez, o empregado de uma empresa estava estudando para um concurso público para Delegado de Polícia. Esse era seu sonho de infância. Porém, desatento, ele revelou seu projeto pessoal para seus colegas de trabalho. Quando o chefe dele soube, começou a lhe dar mais trabalho, a fim de prejudicar seus estudos e impedir que realizasse seu sonho.

Em outro caso, um advogado foi indicado para ocupar o cargo de Ministro em um Tribunal de Brasília. O chefe de gabinete do Presidente da República lhe telefonou para comunicar a decisão e informar que a nomeação fora encaminhada para publicação no Diário Oficial. Então, ele organizou um jantar naquela mesma noite para comemorar a indicação. Convidou amigos, familiares e algumas autoridades. Entretanto, no dia seguinte, ao ler o Diário Oficial, teve a maior decepção de sua vida: outra pessoa havia sido indicada para o cargo. Durante a madrugada, o Presidente mudou de ideia e decidiu nomear outro candidato àquele cargo.

Muitas pessoas acabam revelando seus planos antes da hora certa. No caso real, a nomeação só estaria garantida com a publicação no Diário Oficial. Uma vez publicado, aí sim, o fato teria sido consumado. Nem mesmo o Presidente poderia alterar a situação.

Você só deve considerar ganho aquilo que já está garantido. Não importa se a probabilidade de vitória é de 99%. No futebol há um jargão que diz: "O jogo só termina quando acaba!". Comemore somente quando seu sonho ou projeto estiver realizado.

> NÃO TE FELICITES PELO DIA DE AMANHÃ, POIS NÃO SABES O QUE O HOJE VAI GERAR. (PROVÉRBIOS 27.1)

Segredos

Você precisa estar consciente de que, ao contar algo particular para alguém, imediatamente isso deixa de ser um segredo. Somente quando uma única pessoa conhece a informação, ela é secreta.

Existe, ainda, outra circunstância agravante: amigos podem se tornar inimigos. Você nunca saberá quando o segredo que contou a alguém poderá ser usado contra você.

> QUANDO SE FALA DEMAIS É CERTO QUE O PECADO ESTÁ PRESENTE, MAS QUEM SABE CONTROLAR A LÍNGUA É PRUDENTE. (PROVÉRBIOS 10.19)

Tenha muito cuidado com o que lhe contam. Ao ouvir uma informação acerca de alguém, você se torna responsável por isso. Pessoas mal-intencionadas – normalmente adversárias – podem até usar você como escudo. Ocorre da seguinte maneira: contam-lhe algo e depois dizem que foi você quem espalhou a informação aos outros.

Nesse contexto, durante uma investigação criminal, uma autoridade trouxe ao Promotor de Justiça provas sigilosas que comprovaram a participação de várias pessoas em um caso de corrupção. A pedido da referida autoridade, o Promotor aceitou ficar com uma cópia de gravações que serviam como prova para o caso. Porém, dois dias depois, assustou-se ao ver todo o material sigiloso publicado na imprensa. Foi então que percebeu a armadilha na qual havia caído: ele foi usado como "escudo". Se aquela autoridade fosse a única pessoa a ter acesso a tais provas sigilosas, seria responsabilizada pelo vazamento ilícito da informação para a imprensa.

ACONSELHAMENTO ESTRATÉGICO

É muito importante obter o conselho de terceiros para lhe auxiliar na solução e prevenção de conflitos. Você deve pedir recomendações a pessoas que não possuam interesse no conflito. Mas, atenção, alguns cuidados são muito importantes:

- Ouça o que alguém do sexo oposto tem a dizer. Homens e mulheres têm visões e interpretações próprias do mundo. Quando essas percepções são conjugadas, ocorre um fortalecimento de ambos, pois eles se complementam naturalmente. Por isso, seu cônjuge é o seu maior conselheiro.

> ONDE NÃO EXISTE CONSELHO FRACASSAM OS BONS PLANOS, MAS COM A COOPERAÇÃO DE MUITOS CONSELHEIROS HÁ GRANDE ÊXITO.
> (PROVÉRBIOS 15.22)

- Escute alguém que está em uma fase da vida diferente da sua. Considere também que juventude e experiência não são conceitos antagônicos. É possível que um jovem seja bastante experiente em determinada área, enquanto um idoso não entenda acerca daquilo. Se por um lado os mais novos têm vontade, coragem e determinação, por outro, uma pessoa com mais idade tem sabedoria, paciência e prudência. A combinação de ambos é sempre benéfica em qualquer atividade ou área de conhecimento.

- Para obter um conselho, você não precisa revelar sua intimidade. Você pode relatar a situação sem mencionar a quem se refere. Comente sobre o conflito que está envolvido, alterando totalmente as características das pessoas e do lugar onde a situação ocorreu, assim você não será identificado.

A IMPORTÂNCIA DE CONSULTAR UM ADVOGADO

Antes de tomar decisões importantes em sua vida, é essencial ouvir as orientações de um advogado. Seja para comprar um carro, ou uma casa, tornar-se sócio de uma empresa, ou coisas do gênero, consulte um profissional de sua confiança. Leve-o às reuniões, e peça que lhe aconselhe sobre os aspectos legais, além de analisar os riscos e os benefícios de negócios e alianças. Ele precisa estar consciente de todos os aspectos relevantes em questão para que possa ajudá-lo.

> DEPOIS QUE VOCÊ ASSINOU DOCUMENTOS OU ASSUMIU OBRIGAÇÕES, JÁ NÃO HÁ MUITO O QUE SEU ADVOGADO POSSA FAZER, POR ISSO CONSULTE-O ANTES DE TOMAR DECISÕES!

Infelizmente, as pessoas somente procuram a orientação de um advogado quando o conflito já existe. É bastante contraditório estar disposto a comprar um apartamento por trezentos mil reais, e considerar um desperdício pagar mil reais para obter o parecer de um advogado sobre o negócio. Se você pensa assim, então é um forte candidato a ter muitos conflitos em sua vida.

> QUANDO VOCÊ SE ACHAR FORTE, ENTÃO É FRACO!

Em certa ocasião, um empresário adquiriu um apartamento de luxo para morar com sua família. Porém, sua alegria não durou muito. Convicto de sua experiência, ele não consultou um advogado sobre o negócio e, depois de ter pagado o valor combinado e assinado o contrato, descobriu que havia uma imprecisão no cartório de registro de imóveis impedindo a transferência da propriedade. Além disso, o condomínio do apartamento era executado em uma ação fiscal. O comprador se tornou devedor de uma grande quantia.

É preciso saber se a lei está do seu lado e como é possível utilizar os instrumentos legais a seu favor. Por essa razão, é muito importante ter um advogado de sua inteira confiança. Reconheça sua fraqueza e procure por ajuda, assim você se tornará forte.

Mas é preciso ter um cuidado especial. Assim como um bom advogado pode ajudá-lo muito, um desonesto ou incapaz pode acabar com sua vida.

Somente contrate alguém com referências muito boas. Se você não conhece um bom advogado, converse com seus amigos e conheça as experiências que tiveram com certos profissionais e, assim, escolha o que tiver demonstrado maior competência e honestidade.

É preciso analisar todas as medidas legais e judiciais que podem ser adotadas diante de um conflito, seja perante o Judiciário, o Ministério Público ou órgãos administrativos – Receita Federal, Anatel, entre outros –, ou até órgãos privados, como a Serasa e o Serviço de Proteção ao Crédito (SPC).

Entenda também que, mesmo que a lei esteja totalmente a seu favor, é fundamental analisar os aspectos emocionais, familiares, econômicos e sociais do conflito. Não considere somente as questões legais e decisões dos tribunais. **Sua paz vale muito!**

Em uma separação judicial, o filho de oito anos permaneceu sob a guarda do pai, e a mãe tinha o direito de visitá-lo semanalmente. Contudo, após as férias escolares, a mãe mudou-se com a criança para outra cidade, não permitindo que ele retornasse à casa de seu pai.

Mesmo tendo uma decisão do juiz a seu favor, o pai não recorreu a medidas legais de força a que teria direito. Considerava que uma atitude assim poderia gerar um trauma psicológico no filho. Assim, ele preferiu tentar uma negociação amigável com a ex-mulher.

A atitude do pai se justificou porque a mãe não representava um risco para o filho. Caso ela estivesse envolvida em situações, como prostituição, por exemplo, ou uso de drogas, ele deveria optar pela medida judicial de busca e apreensão, pois a permanência do filho com a mãe representaria risco à saúde ou à vida da criança. Mas não era este o caso.

Com isso, reforço a necessidade de esgotar as possibilidades de negociação amigáveis, antes de ter atitudes mais agressivas.

Certa vez, associações de defesa de portadores de deficiência representaram uma objeção na Procuradoria da República contra um concurso para Diplomata. Alegavam que o Ministério das Relações Exteriores não havia reservado vagas para candidatos portadores de deficiência. Analisei o edital do concurso e verifiquei que realmente não havia a reserva dessas vagas, sendo que a lei determina um percentual necessário em todo concurso público para pessoas com deficiência.

> LEMBRE-SE:
> EXERCER UM DIREITO DE MODO NÃO ESTRATÉGICO PODE LHE CUSTAR SUA PAZ.

O procedimento legal comum seria instaurar um procedimento administrativo, enviar ofícios solicitando informações, obter documentos e, ao final, propor uma ação civil pública ou uma recomendação. Tudo isso demandaria pelo menos um ano de trabalho e muita burocracia.

Decidi telefonar diretamente para o Ministro das Relações Exteriores e comunicar o que estava acontecendo. Em nossa conversa telefônica, expus os fatos e ele mesmo me perguntou: "Qual percentual de vagas o senhor recomenda que seja reservado para os deficientes?". Surpreendido por sua disposição, respondi que a lei determinava que cinco a vinte por cento das vagas fossem reservadas a deficientes. Ele respondeu: "Dez por cento está bom para o senhor?". Eu disse que sim. Então ele finalizou: "Vou suspender o concurso e retificar o edital para incluir uma reserva de dez por cento de vagas para os portadores de deficiência". Assim, o que levaria meses para ser resolvido na Justiça foi resolvido em um dia.

Não importa se é preciso propor uma ação judicial, instaurar um inquérito civil ou apenas fazer um telefonema. O relevante é o resultado: o respeito à lei e o seu cumprimento.

Esse caso revela uma distorção muito grave em nossa Justiça. Costumo dizer em palestras para juízes e promotores: "Vocês contratariam um pedreiro que cobra seus serviços pela quantidade de marteladas? Ou um pintor que cobra dez reais por cada pincelada de tinta?". Ninguém contrataria um profissional desse modo. Na Justiça, porém, os serviços dos juízes, promotores, delegados e advogados são avaliados pela quantidade de sentenças, inquéritos e ações propostas. Mas seria realmente bom se o resultado real e efetivo de suas "marteladas e pinceladas" também fossem considerados nessas avaliações.

Orientações para que você não
seja injusto com as pessoas

Todos os dias julgamos ou condenamos alguém em nossa família, trabalho ou em relacionamentos. Isso significa que podemos ser injustos com pessoas próximas, além de sermos a causa de conflitos.

Em empresas, os chefes podem decidir o futuro de muitos empregados por meio de comentários ou palavras lançadas em reuniões. Às vezes, um simples impulso do momento ou um mal-entendido podem significar a demissão de um funcionário, ainda que depois os fatos sejam esclarecidos e haja comprovação de que ele agiu corretamente.

> VOCÊ CONHECE UMA PESSOA VERDADEIRAMENTE QUANDO ELA TEM PODER SOBRE VOCÊ.

Assim também acontece nas escolas, lá existem mais **sentenças** do que em tribunais. Em uma sala de aula, o professor pode condenar vários alunos ao dizer: "Você não vai dar em nada" ou "Você é um fracassado".

Um advogado de sucesso me contou um pouco de sua história. Até os dez anos de idade, seus professores sempre o incentivaram. Contudo, aconteceu que no início de determinado ano letivo, uma nova professora se tornou um pesadelo em sua vida. Ela passou a persegui-lo e humilhá-lo dizendo coisas como: "Você não tem futuro" e "Você é muito fraco". Com isso, ele se tornou apático e desinteressado pelos estudos. Somente alguns anos depois recuperou-se e voltou a se empenhar na escola.

Para que você esteja em alerta e não se torne também uma fonte de injustiça, apresento a seguir algumas orientações básicas:

DÊ O DIREITO DE DEFESA A QUEM FOR ACUSADO EM SUA PRESENÇA

Você deve estar sempre atento às pessoas que fazem frequentes comentários ou críticas a outras pessoas. É importante avaliar quem está trazendo a informação, e qual é o seu real interesse em dizer aquilo.

Muitas vezes, a forma de relatar os fatos pode claramente indicar uma intenção maliciosa. Se alguém disser que um colega de trabalho o acusou de fazer algo errado, por exemplo, fale também com o acusado para tirar suas conclusões. Dê a ele a chance de se defender. Não importa quão grave a situação pareça, não condene alguém antes de lhe dar o direito de apresentar a sua versão dos fatos.

> SE UM CHEFE DÁ ATENÇÃO ÀS PALAVRAS MENTIROSAS, SEUS AUXILIARES TODOS SE TORNAM PERVERSOS.
> (PROVÉRBIOS 29.12)

PREPARE-SE PARA SER SURPREENDIDO

Ao se deparar com uma situação duvidosa, não se precipite em acreditar no que os outros concluíram. Não se deixe levar pelas aparências, mas avalie com cuidado o que está sendo dito, quem fala e os possíveis interesses envolvidos.

Frequentemente, as investigações – inclusive policiais – partem do pressuposto de que o investigado é o culpado. Este não é o problema, afinal, se há uma investigação, é porque há indícios e provas de que existe algo ilícito. A questão é que, muitas vezes, as pessoas que apuram a verdade se deixam levar pelas aparências e podem não atuar com a imparcialidade esperada. A tendência é que todas as informações obtidas sejam enquadradas contra o suspeito. Em alguns casos ocorre o absurdo, que é desconsiderar provas simplesmente porque elas beneficiariam o investigado. Se isso acontece, não se trata de uma investigação, mas de uma perseguição.

SE VOCÊ TIVER INIMIZADE COM UM DOS ENVOLVIDOS EM UM CONFLITO, NÃO ATUE NO CASO

Evite participar de casos que envolvam pessoas de quem você não gosta ou com quem tem inimizade.

Mesmo que você seja uma pessoa justa, o simples fato de ter um sentimento negativo em relação ao envolvido, ou à sua família, pode levá-lo a cometer injustiças.

Jamais se aproveite de situações para prejudicar alguém, mesmo que os outros não percebam a sua intenção a princípio, em algum momento a sua maldade será revelada.

Certa vez, autoridades federais realizaram uma investigação contra um servidor público, perseguindo-o injustamente. Embora tentassem demonstrar isenção e imparcialidade, em seu íntimo eram levados por sentimentos de inveja e ódio.

> BUSCA RESOLVER TUA CAUSA DIRETAMENTE COM O TEU PRÓXIMO, MAS NÃO REVELES QUALQUER SEGREDO DE OUTRA PESSOA, CASO CONTRÁRIO, QUEM TE OUVIR PODERÁ TE DIFAMAR E JAMAIS RECUPERARÁS TUA REPUTAÇÃO!
> (PROVÉRBIOS 25.9-10)

Não tardou para que a verdade fosse revelada e todo o trabalho se tornasse inútil para os fins da perseguição. Mas a vítima teve um comportamento interessante: permaneceu em silêncio. Assim, os acusadores acabaram desmoralizados.

> QUEM CAVA UMA ARMADILHA, NELA ACABARÁ CAINDO; QUEM ROLA UMA PEDRA SOBRE OS OUTROS SERÁ ATROPELADO PELO RETORNO DA MESMA PEDRA QUE HAVIA EMPURRADO.
> (PROVÉRBIOS 26.27)

Todas as pessoas que prejudicam alguém propositalmente, sofrem as devidas consequências por seus atos injustos. Depois de trinta anos investigando o crime organizado e a corrupção, posso afirmar: fazer o mal não compensa. O mal que se faz hoje retorna para você amanhã. Muitas vezes, não será da mesma forma, mas certamente virá.

NUNCA HUMILHE UMA PESSOA

A humilhação pode ser a pior forma de agressão contra alguém. Muitos esquecem até mesmo uma agressão física sofrida, mas quem sofre uma humilhação nunca esquecerá.

> É MUITO MAIS DIFÍCIL REAVER A AMIZADE DE UM IRMÃO OFENDIDO QUE CONQUISTAR UMA CIDADE FORTIFICADA [...] (PROVÉRBIOS 18.19a)

Em 1968, descobriram uma fraude em licitações de um órgão público federal em Brasília. Uma empresa de construção civil superfaturou uma obra e, por isso, foi descredenciada da instituição. Durante o processo administrativo, o chefe do departamento jurídico entrou em conflito pessoal com o dono da construtora.

Vinte anos depois, esse advogado foi morto a tiros. Ao investigar o crime, a Polícia descobriu que o dono da construtora era o mandante do assassinato. Fez isso porque não havia perdoado o advogado pelos prejuízos e pela humilhação feitos contra ele.

TENHA CUIDADO AO ACUSAR ALGUÉM

Ao acusar alguém de um erro ou equívoco, tenha certeza do que está falando. Uma acusação injusta pode custar muito caro a você. A diretora de uma empresa acusou a funcionária de haver subtraído uma quantia do cofre. O dinheiro havia sumido pela manhã, quando somente as duas estavam no escritório. Já cogitando despedir a empregada, ela pediu que uma assistente fosse com ela até seu carro para buscar alguns documentos. Ao abrir a porta do veículo, teve uma grande surpresa: todo o dinheiro estava lá, pois ela havia se esquecido de guardá-lo no cofre.

> NÃO CONDUZAS PRECIPITADAMENTE ALGUÉM AO TRIBUNAL, POIS COMO AGIRÁS CASO TEU OPONENTE TE DESMINTA?
> (PROVÉRBIOS 25.8)

Em outro caso, uma professora não estava encontrando sua bolsa durante a aula. Desesperada, pediu que o aluno responsável pela "brincadeira" a devolvesse, porém ninguém se pronunciou. Então ela solicitou à diretora e, assim, foi autorizada a revistar cada um dos alunos na sala de aula, mas não encontrou o objeto. A polícia já estava a caminho da escola para tomar as providências quando a própria professora descobriu que sua bolsa estava dentro de seu carro. Tenho certeza de que os alunos revistados dificilmente se esquecerão dessa humilhação.

Quando acusamos alguém sem nenhuma prova ou indício, mas com suposições ou precipitações, estamos sendo injustos.

> HÁ DUAS INJUSTIÇAS
> QUE O SENHOR ABOMINA:
> QUE O INOCENTE
> SEJA CONDENADO E
> QUE O CULPADO SEJA
> COLOCADO EM PLENA
> LIBERDADE COMO JUSTO.
> (PROVÉRBIOS 17.15)

CAPÍTULO 7

NÃO EXISTE JANTAR DE GRAÇA

COMPORTAMENTOS ARRISCADOS

Apresento neste capítulo situações comuns da vida que podem ser causa involuntária de conflitos. Atitudes normais em um ambiente familiar podem se tornar inconvenientes e até humilhantes se praticadas em público ou com estranhos.

PIADAS

Imagine que você é um soldado andando em um campo minado. Você não sabe onde estão as minas explosivas. Só há uma certeza: se eventualmente você pisar em uma, ela vai explodir sob seus pés. Assim são as piadas, elas equivalem a minas explosivas. A diferença é que em vez de ferimentos físicos, elas causarão perdas familiares e sociais.

Em alguns casos, as piadas podem provocar uma reação física imediata de quem se sentiu incomodado ou humilhado. Outras vezes, a pessoa até dá risadas, mas, no fundo, sentiu-se ferida. É preciso estar atento para saber "onde você está pisando" quando conta uma piada.

Certa vez, havia dois amigos universitários que se conheciam desde a adolescência. Eles moravam juntos em uma república. Um dia, fizeram uma festa no apartamento. Nessa ocasião, aconteceu que um deles contou uma piada sobre um paraibano para provocar o amigo nordestino. Sentindo-se humilhado, ele desferiu um chute no rosto do outro, causando graves ferimentos em sua boca e em seus olhos. O rapaz não pôde mastigar por meses e teve de se submeter a diversas cirurgias.

As piadas podem ser motivo de humilhação e rejeição. Mesmo sem perceber, acabam causando feridas emocionais, sobretudo em pessoas tímidas ou com baixa autoestima. Elas aparentemente aceitam a brincadeira e não demonstram o seu sentimento. Mas tenha bastante cuidado com isso, principalmente quando se trata de seus subordinados – empregados, alunos e filhos. É possível que um dia alguém perca o controle, e você poderá ser vítima de uma fatalidade.

Com isso, não desejo restringir sua liberdade, apenas aconselhá-lo em relação a certos cuidados importantes para que você esteja protegido e zele também pelas pessoas ao seu redor.

CONFLITOS EM PÚBLICO

Tome cuidado com o que você diz em público, pois a repercussão de suas palavras pode ser muito maior do que o desejado. Algo que seria normal quando confidenciado a pessoas mais próximas adquire um sentido completamente diferente quando a audiência é um pouco maior. Muitas vezes, o efeito é negativo e conflitos acabam sendo gerados.

Se você encontrar um amigo no local de trabalho dele, por exemplo, atente-se a não o chamar por algum apelido, mas pelo nome. É comum que pessoas que têm uma relação de proximidade utilizem apelidos entre si, mas, em ambiente profissional, isso pode gerar bastante desconforto e confusões. Brincadeiras e comentários que seriam totalmente aceitáveis em particular podem ser motivo de humilhação se feitos publicamente.

O mesmo cuidado é necessário no que diz respeito à repreensão. Se precisar chamar a atenção de alguém ou corrigi-lo, não faça isso diante de outros. Caso contrário, é possível que essa pessoa se sinta humilhada e seja marcada por toda a sua vida, especialmente quando se trata de seus filhos menores ou seus subordinados. Jamais os corrija de modo severo em frente a outros. Se tiver de fazê-lo, que seja em particular.

Em certa ocasião, após uma palestra em uma cidade do interior de Goiás, uma mãe me relatou um ocorrido. Seu filho não conversava com ela há mais de doze anos. Então lhe perguntei o motivo, e ela me contou emocionada: "Quando ele tinha dezessete anos, dei um tapa na cara dele na frente de muitas pessoas, porque ele tinha me desobedecido. Eu me arrependi muito do que fiz, mas ele ainda não me perdoou". Fato é que o real motivo da revolta do filho foi a humilhação em público, não apenas a agressão física sofrida.

CUIDADOS COM A LINGUAGEM

Há um grande risco de que conflitos ocorram quando se utiliza linguagem desleixada e coloquial. Sentindo-se à vontade, você acaba falando o que vem à cabeça de forma despreocupada. Isso ocorre com bastante frequência entre amigos e familiares. Contudo, esteja alerta, pois essa é uma situação arriscada. Você pode ser mal interpretado ou até mesmo revelar involuntariamente fatos ou informações pessoais.

O mesmo cuidado é essencial em seu local de trabalho. O ambiente amigável pode dar a falsa impressão de que você pode dizer o que bem entende, mas lembre-se de manter uma postura profissional.

> QUEM REALMENTE DETÉM O CONHECIMENTO É COMEDIDO NO FALAR [...] (PROVÉRBIOS 17.27a)

Também é fundamental que você fale com clareza e prudência. Não deixe dúvida sobre o que você tem a dizer, e pense nas possíveis consequências de suas palavras. Acredite, pessoas inocentes frequentemente se envolvem em investigações criminais por falarem de forma descuidada.

Havia uma mãe que agia com bastante negligência com seu filho, uma criança de 9 anos de idade. Ele sempre estava doente e malvestido. Então a professora do menino tentou orientar e auxiliar a mulher em uma reunião na escola, porém ela reagiu de forma agressiva e, aos gritos, ameaçou a educadora: "Se você se meter em minha vida, eu vou processar você!". A professora acalmou a mãe e encerrou a reunião. Ao sair desse encontro, desabafou para um amigo professor: "Tem horas que tenho vontade de 'esganar' esse tipo de mãe".

Passado um tempo, a mãe negligente realmente processou a educadora, alegando falsamente que ela tinha praticado abuso sexual contra seu filho. O professor "amigo" depôs em juízo e confirmou em depoimento que a colega havia dito que "queria esganar a mãe do aluno", sem mencionar o contexto, ou dizer que se tratava de um desabafo feito com uma linguagem informal e exagerada, não sendo sua real intenção causar qualquer dano àquela mulher. Ao final, a professora provou sua inocência, mas sofreu muito com todo o processo.

Quem está ouvindo você?

É fundamental que você saiba com quem está conversando. Ao conhecer alguém, você deve ouvir mais do que falar. Essa é a melhor forma de se manter protegido.

Seja em um elevador ou em um restaurante, se você estiver falando com alguém pessoalmente ou ao telefone, saiba que as pessoas ao redor podem ouvir tudo o que disser e fazer uso das informações obtidas de muitos modos, inclusive para o seu prejuízo. É preciso estar atento para perceber quem está escutando o que você fala.

Quando você estiver em um ambiente novo, é essencial evitar comentários sobre temas controversos ou íntimos. Lembre-se da metáfora do campo minado, você precisa saber onde está "pisando".

Em uma reunião de trabalho, um dos funcionários da empresa comentou de forma muito indelicada sobre uma funcionária recém-contratada: "Ela é muito bonita, mas tem um jeito de vagabunda!". Dois meses depois, a colega começou a namorar o diretor da empresa, que estava naquela reunião na qual o comentário foi feito. Tempos depois, o empregado, autor do comentário inapropriado, foi demitido sob a suposta justificativa de contenção de gastos, embora tivesse um dos menores salários da empresa.

> FILHO MEU, PRESTA ATENÇÃO ÀS MINHAS PALAVRAS DE SABEDORIA E INCLINA OS TEUS OUVIDOS PARA COMPREENDER O MEU DISCERNIMENTO. ASSIM MANTERÁS O BOM SENSO, E OS TEUS LÁBIOS GUARDARÃO O CONHECIMENTO.
> (PROVÉRBIOS 5.1-2)

Houve também uma ocasião em que um amigo me convidou para visitá-lo no Paraná. Eu tinha acabado de realizar uma grande operação de combate ao crime organizado no norte do Brasil, foi nesse contexto que aceitei o convite. Enquanto estava lá, fui almoçar com meu amigo em um restaurante. De repente, ele me chamou discretamente pedindo que o acompanhasse até o estacionamento, ele estava muito nervoso. Eu não havia notado, mas na mesa ao lado estava o advogado do chefe do crime organizado que tinha sido preso na operação que eu havia realizado. Veja como o mundo é pequeno, e imagine o desastre que poderia ter acontecido se eu, desatento ao ambiente, tivesse comentado sobre o caso.

Há alguns anos, fiz uma reunião com um empresário em meu gabinete na Procuradoria da República. Ele me revelou informações sobre um grande esquema de corrupção no Governo Federal. A certa altura, minha secretária abriu a porta da sala de reunião e disse: "Dr. Guilherme, o Dr. João Paulo[1] ligou e gostaria de falar com o senhor". O "Dr. João Paulo" era um inimigo pessoal da pessoa com quem eu conversava, e quando ele ouviu esse nome, ficou bastante desconfiado e não quis prosseguir a conversa. Por sorte, eu já tinha elementos mais do que suficientes para iniciar a investigação. Porém, foi um grande

---

[1] Nome fictício para proteção da pessoa envolvida.

prejuízo não poder mais contar com as informações que ele poderia fornecer.

A partir desse dia, orientei a minha secretária da seguinte forma: "Quando eu estiver em reunião, escreva em um papel o recado que deseja transmitir, sem falar em voz alta".

A MENTIRA

Acredite: ter credibilidade diante das pessoas custa muito esforço e leva-se tempo para alcançar essa estima.

> A CREDIBILIDADE PERANTE AS PESSOAS É UM GRANDE PATRIMÔNIO!

É possível distinguir facilmente uma pessoa confiável, pois todos ao redor podem testificar acerca de sua postura e atitudes.

No ambiente de trabalho, ser confiável significa maiores chances de promoção e melhores salários. Em seus relacionamentos pessoais, é sinal de reconhecimento. Até mesmo concorrentes ou adversários atestam aquele que é correto.

A pessoa que mente, ainda que seja sobre algo pequeno, coloca em risco toda a sua credibilidade. Além disso, demandam-se muitos cuidados especiais e enorme quantidade de energia e concentração para que uma mentira seja mantida.

> QUANDO AS ATITUDES DE UMA PESSOA SÃO AGRADÁVEIS AO SENHOR, ATÉ OS INIMIGOS DESSA PESSOA VIVEM EM PAZ COM ELA [...]
> (PROVÉRBIOS 16.7)

Ao mentir, você é obrigado a estar atento todo o tempo, pois nunca sabe quando alguém vai perguntar algo relacionado ao assunto; se você não prestar atenção, pode acabar revelando a farsa. Ou seja, para sustentar uma mentira, é preciso criar várias outras.

> O PERVERSO CAI EM CONTRADIÇÃO E SE ENREDA EM SEU PRÓPRIO FALAR MALICIOSO [...] (PROVÉRBIOS 12.13a)

Um dos maiores chefes do crime organizado em São Paulo desconfiava de que sua secretária estava passando informações para seus inimigos. Isso não era verdade, uma vez que a funcionária era fiel a ele.

Certo dia, ele perguntou o que ela tinha feito no final de semana, mas já sabia que ela havia viajado com o marido para Salvador. Inexplicavelmente, ela mentiu e disse que não tinha feito nada especial. Não teria problema algum dizer a verdade, pois não seria errado viajar com o esposo. Porém, ao optar por mentir, perdeu a credibilidade. Esta foi a gota d'água para o mafioso. Na semana seguinte, ela foi morta em um suposto assalto.

Quem está envolvido em crimes ou corrupção vive de modo bastante arriscado. Uma pequena mentira ou situação mal explicada pode se transformar em uma condenação à morte.

Outro fato sobre as mentiras é que aprisionam as pessoas. Isto é, o mentiroso deixa de ter liberdade para dizer a verdade, pois o engano se converte em compulsão. Com o tempo, a falsidade em sua vida se torna tão intrínseca que ele já não se constrange ao mentir. As pessoas deixam de acreditar em qualquer coisa que o mentiroso diz, até mesmo quando fala a verdade, pois passam a presumir que está sempre mentindo. Recuperar a credibilidade pode levar muitos anos.

> OS ÍMPIOS SÃO CAPTURADOS NAS ARTIMANHAS DE SEUS PRÓPRIOS PECADOS, MAS OS JUSTOS ANDAM LIVRES E FELIZES!
> (PROVÉRBIOS 29.6)

Certa vez, um advogado muito conhecido de Brasília solicitou uma audiência em meu gabinete. Ao recebê-lo, fui informado de que ele representava um ministro de Estado que estava sendo investigado por mim em razão da utilização indevida de aviões da FAB. O caso tinha ganhado dimensão nacional, pois muitas autoridades utilizaram indevidamente as aeronaves para viagens com suas famílias durante as férias, o que não era permitido pela lei.

O cliente daquele advogado temia um desgaste político decorrente da revelação dos fatos e da propositura de uma ação judicial para ressarcimento dos cofres públicos. Em nossa conversa, revelei ao advogado que não havia elementos de prova contra o constituinte e, por isso, não iria propor uma ação de improbidade contra ele.

Após alguns meses, um amigo me contou que estava jantando em um restaurante e ouviu esse mesmo advogado dizer ao ministro que estava sendo investigado que "já tinha resolvido tudo com o procurador". O que não passava de uma mentira. Contudo, ele pretendia induzir a autoridade a pensar que ele havia influenciado em minha decisão de não o processar.

Situações parecidas com essa ocorrem com bastante frequência em Brasília. Para obter vantagem pessoal, pessoas inescrupulosas tentam simular uma influência ou poder que não possuem.

Como identificar uma mentira

Desenvolvi uma estratégia que tem se provado muito boa para descobrir uma mentira. Se você desconfiar que alguém não está dizendo a verdade, sugiro que faça o seguinte:

- Primeiro deixe a pessoa falar, não a interrompa em momento algum. Não pergunte nada, apenas se concentre em memorizar os pontos centrais e as circunstâncias importantes de sua fala.

- Depois que ela disser tudo espontaneamente, fale sobre outro assunto. Isso servirá para desviar sua atenção.

- Após alguns instantes, faça perguntas fora da ordem cronológica, aleatoriamente. Pergunte algo do final da história, depois algo do começo. Jamais pergunte algo que possa ser respondido com "sim" ou "não", como: "Você estava em casa ontem à noite?". Pois seria fácil responder a isso sem se esquecer da farsa. Pergunte: "Onde você esteve ontem à noite?". A pessoa terá de elaborar uma resposta por si mesma.

- Depois de horas, dias ou semanas, peça para a pessoa contar a história novamente ou faça perguntas sobre o que ela disse. Quem conta uma mentira não consegue sustentá-la por muito tempo.

Finalmente, esteja preparado para ser surpreendido. Afinal, não é porque você desconfiou que, de fato, há uma mentira. Se não houver uma confirmação clara de que ocorreu uma farsa, você deve se dar por vencido e reconhecer que sua suspeita não procede. Muitas pessoas, mesmo dizendo a verdade, ficam nervosas por vários motivos, e isso faz com que os outros desconfiem delas.

Portanto, não se deixe confundir. Mesmo que uma pessoa fique nervosa ao narrar um fato, chegando até a gaguejar, não significa que ela esteja mentindo. Isso pode ser um indício, mas não é suficiente para alegar que seu testemunho é falso. É importante considerar que muitas situações geram comportamentos duvidosos, mesmo quando a pessoa está totalmente correta.

Para exemplificar o que estou dizendo, peço que imagine a seguinte situação: você é intimado para comparecer à Receita Federal. Ao chegar à delegacia, é recebido por três fiscais que se sentam à sua frente e pedem que você esclareça algumas dúvidas sobre a sua declaração de imposto de renda.

Em uma situação como essa, qualquer um pode se sentir constrangido e nervoso, de modo que estará suscetível a comportamentos arriscados. Por mais que você tenha feito todas as devidas declarações corretamente e seja uma pessoa honesta, é bastante provável que fique nervoso, possivelmente irá suar frio e até gaguejar ao responder aos fiscais. Isso, porque é natural se sentir constrangido em um ambiente como esse que acabo de descrever.

CUIDADO COM NOVOS RELACIONAMENTOS

Ao conhecer pessoas novas, você também pode acabar em uma situação de risco. É essencial que você seja bastante cuidadoso, pois

ATENÇÃO: NÃO SE DEIXE SER USADO PELAS PESSOAS!

sentar-se em um bar ou restaurante com quem você não conhece bem é arriscado. Isso não impede que você o faça, mas é fundamental estar consciente desse fato. Portanto, procure saber mais acerca das pessoas com quem você se relaciona. Ao sair com alguém que surgiu recentemente em sua vida, vá somente para locais onde você já costuma frequentar, evite ir aonde a pessoa quiser. Há o risco de que você seja usado por ela.

Um rapaz acabara de conhecer uma jovem. Eles combinaram de se encontrar à noite, e a moça sugeriu um restaurante do qual gostava muito. Ele não viu empecilho algum na recomendação dela e concordou. O problema é que ela havia terminado um relacionamento há menos de um mês, e resolveu usar o pretendente para provocar ciúmes no ex-namorado. Ao encontrá-la acompanhada, seu antigo companheiro decidiu tirar satisfações com ela. Após uma breve discussão, sacou uma arma e disparou contra seu acompanhante, que morreu na hora.

CUIDADO AO RECEBER E DAR PRESENTES

NÃO EXISTE JANTAR DE GRAÇA!

Se você está recebendo um favor ou benefício, esteja ciente de que um dia você pagará por isso. A princípio, certos convites ou agrados parecem muito atraentes e inofensivos. Mas podem custar muito caro no futuro.

Certa vez, um amigo me telefonou para fazer um convite irrecusável: ir a Maceió, de jatinho particular, para passar o final de semana. Aceitei imediatamente. Porém, assim que desliguei o

AS ARTIMANHAS DO HOMEM DE CARÁTER MALIGNO SÃO TODAS PERVERSAS; IMAGINA TRAMAS CRUÉIS PARA DESTRUIR COM MENTIRAS O POBRE E INDEFESO, MESMO QUANDO A SÚPLICA DESTE É JUSTA. (ISAÍAS 32.7)

telefone, comecei a pensar: "Quem será o dono desse avião? Por que eu fui convidado?".

Sem ter clareza acerca dos interesses por trás do convite, telefonei para o meu amigo e recusei a proposta com uma desculpa genérica para não revelar minha suspeita. Algum tempo depois, o dono do avião foi preso por envolvimento com o crime organizado e todo o patrimônio dele foi bloqueado pela Justiça. Eu me senti realmente aliviado por não ter aceitado aquele convite.

Em outra ocasião, eu tinha uma amiga que trabalhava no Senado Federal, filha de um Ministro do Supremo Tribunal Federal. Certo dia, ela recebeu uma multa por excesso de velocidade. Ocorre que, na data da multa, ela não estava em Brasília, e ninguém usava o seu carro a não ser ela mesma. Então, um colega de trabalho ouviu a história e logo se dispôs a ajudar. Ele disse que conhecia o Diretor do Detran e que podia resolver o problema dela. Ingênua, ela aceitou seu auxílio. Na mesma semana, ele já havia combinado para que a multa fosse "apagada".

Contudo, dois meses depois, o colega "prestativo" procurou a moça para pedir uma interferência do pai dela em uma licitação pública na qual um amigo dele estava participando, colocando-a em uma situação sem escape, uma vez que ela estava em débito com ele. Ainda me lembro do comentário dela: "Nunca devia ter aceitado a ajuda dele. Fez questão de me ajudar em uma coisa banal, para depois pedir um grande favor em troca!".

Com isso, recomendo que nunca aceite um presente ou favor de um desconhecido. É preciso saber qual o interesse que a pessoa tem ao lhe dar algo ou beneficiá-lo. Muitos podem fazer um pequeno favor a você e, ao mesmo tempo, já imaginar um grande pedido que farão futuramente. A princípio, você imagina que a pessoa é desinteressada e bondosa, mas ela está "plantando verde para colher maduro".

Sendo assim, sugiro também que você faça questão de pagar todas as suas contas. Se alguém se oferecer para pagar por seu pedido no restaurante, por exemplo, seja educado e recuse a gentileza.

Dito isto, é bom esclarecer que nem todo presente é um suborno. Na verdade, a intenção de quem presenteia é o ponto central. Em muitas situações, um presente dado com boas motivações produz frutos nobres.

> UM BOM PRESENTE DESOBSTRUI A PASSAGEM PARA AQUELE QUE O ENTREGA, E O CONDUZ À PRESENÇA DAS PESSOAS QUE DECIDEM.
> (PROVÉRBIOS 18.16)

Além disso, quando você quiser presentear alguém, seja bastante discreto. Atente-se para não fazer um alarde ao ajudar as pessoas. É comum o desejo de que o bem feito a alguém, especialmente aos necessitados, torne-se público. Contudo, saiba que isso não produz bons frutos. Pelo contrário, quem faz o bem com discrição recebe duplo benefício.

VELHOS AMIGOS

> TU, PORÉM, QUANDO DERES UMA ESMOLA OU AJUDA, NÃO DEIXES TUA MÃO ESQUERDA SABER O QUE FAZ A DIREITA. PARA QUE A TUA OBRA DE CARIDADE FIQUE EM SECRETO: E TEU PAI, QUE VÊ EM SECRETO, TE RECOMPENSARÁ.
> (MATEUS 6.3-4)

Ao reencontrar um amigo ou colega que você não vê há muitos anos, tenha cuidado. É possível que a pessoa continue a ser maravilhosa como no passado, mas ela também pode ter mudado bastante. É bom saber um pouco mais sobre o que ela fez nos últimos tempos e, assim, verificar se ainda pode confiar nela. Com o tempo, as pessoas podem se tornar bem diferentes e até se envolver em atividades ou relacionamentos reprováveis.

Dois amigos se encontraram após vários anos sem se ver. Eles tinham sido colegas na faculdade, e ainda guardavam as boas lembranças da juventude. Na ocasião, conversaram sobre a vida durante horas e combinaram de se encontrar novamente em outro dia. Mas, para sorte do amigo desatento, esse encontro nunca chegou a acontecer. Descobriu-se mais tarde que o outro estava envolvido com o tráfico de drogas, e poderia tê-lo envolvido em sérios problemas, caso mantivessem contato.

Não estou dizendo que você deva desconfiar de tudo e de todos. Mas, francamente, após vários anos sem encontrar uma pessoa, muita coisa pode ter acontecido.

É preciso saber onde está "pisando" e cuidar sempre para evitar situações arriscadas.

ASSUNTOS POLÊMICOS

Antes de tratar de assuntos polêmicos, como questões relacionadas à região de origem de alguém, sua etnia, religião ou sexualidade, esteja certo de que a pessoa a quem você se dirige tem maturidade e respeito para tratar de temas como estes. Lembre-se também de respeitar as diferenças e não menosprezar quem é diferente de você. Alguns assuntos podem ser mais difíceis de abordar do que outros, e podem ser causa de mais danos do que uma piada infeliz.

Dentro disso, discriminação, humilhação, preconceito e exclusão social são temas que normalmente geram conflitos. Quando uma pessoa é humilhada ou discriminada injustamente, tem motivo para ficar bastante indignada. Mas, ao se tratar de toda a população de um país, uma região ou classe de pessoas, então o problema causado é muito maior.

Ao falar de forma descuidada, ou mesmo contar uma piada sobre assuntos que podem revelar fortes antagonismos sociais, você está se colocando em situação de risco.

> QUEM GOSTA DE VIVER BRIGANDO AMA O PECADO; QUEM AGE COM ARROGÂNCIA ESTÁ À PROCURA DA SUA PRÓPRIA DESTRUIÇÃO.
> (PROVÉRBIOS 17.19)

Um exemplo disso foi o que aconteceu com dois amigos que se encontraram em uma loja de conveniência. Um deles começou a contar uma piada muito infeliz sobre negros. Antes que pudesse terminá-la, um homem negro, de quase dois metros de altura, aproximou-se deles e perguntou agressivamente se eles tinham alguma coisa contra a cor dele.

Isso, porque ouviu a piada infeliz e se sentiu ofendido. Para quem não é negro, tal reação pode até parecer excessiva. Mas basta que você esteja em uma situação de humilhação ou de discriminação para que sinta na própria pele o preconceito.

Além do mais, respeitar o próximo certamente o ajudará a se manter afastado de problemas.

CAPÍTULO 8

UM PÉSSIMO ACORDO PODE SER MELHOR DO QUE UM EXCELENTE PROCESSO

CRIANDO E ETERNIZANDO CONFLITOS

Neste capítulo, analisarei algumas circunstâncias que podem levar pessoas a criarem conflitos propositais com você.

O DEVEDOR

Todo devedor se sente inferior de alguma forma. Basta um motivo qualquer, ainda que banal, para que ele se considere agredido ou humilhado pelo credor. Assim, muitos são tentados a criar conflitos com aqueles a quem devem. E com o rompimento da relação, ele pensa estar desobrigado de pagar sua dívida. Esse

> [...] O QUE TOMA EMPRESTADO SE TORNA SERVO DO QUE EMPRESTA.
> (PROVÉRBIOS 22.7b)

comportamento ocorre com frequência entre familiares e amigos.

Sendo assim, recomendo que você evite ser credor de pessoas próximas a você. Se um amigo ou familiar lhe pedir algo emprestado, dê para ele se puder, mas jamais empreste. Pois, se o fizer, corre o risco de perder o relacionamento e o patrimônio.

Esteja certo de uma coisa: as pessoas que não emprestam dinheiro a pessoas chegadas normalmente não têm conflitos com elas. Pode até haver um mal-estar no momento em que você não atende ao pedido, mas logo eles se esquecerão disso. Portanto, quando lhe pedirem algo, dê o que pedem, sem empréstimos, ou simplesmente diga "não". Você pode se sentir bastante envergonhado ao fazer isso, mas evitará o sentimento de raiva que pode acontecer quando a pessoa não pagar a dívida.

O DESONESTO

As pessoas desonestas frequentemente criam conflitos para se proteger. A estratégia é simples: eles se colocam como vítima em um suposto conflito e assim obtêm aliados, que, enganados, procuram os proteger. Essa prática é muito comum em questões políticas, serviços públicos e em ambientes corporativos.

> O HOMEM PERVERSO VIVE PROVOCANDO CONTENDAS [...]
> (PROVÉRBIOS 16.28a)

Essa estratégia é bastante utilizada, também, para camuflar atos de corrupção. A pessoa desonesta pode usar conflitos como uma espécie de cortina de fumaça, para encobrir ou justificar um comportamento ilegal.

Em certa ocasião, o diretor corrupto de uma empresa pública soube que seria demitido e que não tardaria uma semana para que isso acontecesse, porque já suspeitavam que ele praticava fraudes em sua função. De forma astuta, foi imediatamente à imprensa e forjou uma denúncia dizendo que empreiteiras teriam sido prejudicadas por sua gestão honesta e, por isso, pressionavam por sua demissão. Foi uma atitude inteligente. Em um jogo de xadrez, isso seria como um "xeque".

Com esse cenário, a empresa poderia causar uma má impressão ao demiti-lo, pois, diante de sua alegação, seria possível que suspeitas fossem geradas acerca dos reais motivos de sua dispensa. Então, reunido com seus assessores, o Presidente do órgão avaliou o cenário e questionou: "Como podemos suplantar a versão do diretor corrupto junto à imprensa?". E concluiu: "Fácil, vamos demiti-lo e, em seu lugar, colocaremos alguém acima de qualquer suspeita para investigar as denúncias de corrupção". Então, o diretor fraudulento foi demitido no dia seguinte, e em seu lugar um delegado da Polícia Federal foi nomeado. Assim não houve qualquer reação em favor do criminoso. "Xeque-mate"!

Houve ainda o caso de uma autoridade que se notabilizou por frequentes apreensões de drogas.

Inclusive, recebeu reconhecimento público e promoção na carreira por conta isso. Porém, anos depois, descobriu-se que esse delegado, na verdade, era corrupto e integrava uma quadrilha de traficantes. As interceptações telefônicas revelaram que ele realizava as apreensões de drogas em combinação com os criminosos. Dessa forma, no mesmo dia em que apreendia alguns quilos de drogas em uma rodovia, um caminhão com centenas de quilos passava livremente por outra.

Em todos esses casos que relatei, o perverso criava um conflito ou situação para mascarar seus crimes ou malfeitos. Por outro lado, muitas pessoas procuram evitar problemas e desconfortos, porém geram situações bastante complexas que podem perdurar por um longo período.

ETERNIZANDO CONFLITOS

Recorrer a terceiros é uma prerrogativa da qual todos nós podemos nos valer, seja para obter um direito ou para pressionar um opositor a fazer um acordo. A Justiça, a imprensa e a polícia são os órgãos que mais frequentemente podem ser acionados para intervir em conflitos.

Tendo isso em vista, a seguir, irei analisar as vantagens e desvantagens de realizar encaminhamentos a cada um desses órgãos, salientando que agir de forma inadequada o coloca em risco de eternizar conflitos.

Justiça

Sua posição diante da lei deve ser analisada com cuidado. Ações judiciais podem ser um recurso útil para a solução de conflitos. Mas o fato de ter a lei a seu favor não significa que você terá maior chance de sucesso no processo. É preciso analisar outros fatores importantes, como as questões emocionais, políticas, econômicas, entre outras, que podem influenciar na resolução do caso.

Portanto, antes de recorrer à Justiça, recomendo fortemente que você procure conselhos de pessoas confiáveis e, assim, pondere se valerá a pena fazer uso desse meio para solucionar sua causa.

Isso, porque exigir direitos na Justiça pode ser uma estratégia péssima ou excelente. Tudo depende da análise dos aspectos peculiares do conflito. Lembre-se: há muitos outros fatores importantes em uma situação assim, além das decisões proferidas pelos tribunais.

> ONDE NÃO EXISTE CONSELHO FRACASSAM OS BONS PLANOS, MAS COM A COOPERAÇÃO DE MUITOS CONSELHEIROS HÁ GRANDE ÊXITO.
> (PROVÉRBIOS 15.22)

Houve um caso em que o marido se separou da esposa, acusando-a de traição. No calor da discussão em juízo, a mulher alegou levianamente – por influência de seu advogado – que o marido era homossexual, e exigiu bens materiais aos quais sabia não ter direito.

Após essa atitude, o ex-marido decidiu não fazer mais acordo algum e, ao final, a ex-esposa teve de aceitar uma proposta muito aquém do que desejava. Se ela tivesse adotado uma atitude conciliatória desde o início, ele certamente teria uma disposição muito maior para realizar um acordo mais proveitoso para ela. Contudo, ao desonrar o ex-cônjuge e expor toda a sua ganância, a mulher inviabilizou qualquer possibilidade de conseguir um trato favorável com ele.

A verdade é que, nesse caso real, um acerto amistoso entre as partes seria muito mais vantajoso para ela. Até porque, há momentos em que mesmo um péssimo acordo é melhor do que um excelente processo. Uma vez feito o acordo e cumpridas as obrigações, você sabe exatamente o que conseguiu obter. Já em relação a um processo judicial, você só tem uma certeza: a data em que ele é instaurado. É impossível saber quando ou como terminará.

Imprensa

A imprensa é fundamental no que diz respeito à política, economia e sociedade. Sem ela, a injustiça e a corrupção seriam certamente ainda maiores em nosso país.

Porém, quando você estiver em um conflito que desperta o interesse da mídia, possivelmente seu conceito acerca da imprensa será modificado.

Deixe-me explicar: tudo o que você disser para um jornalista pode ser usado contra você. Não importa o que ele lhe prometer, uma vez que é o dono do jornal quem decide como a matéria será divulgada. O pior de tudo é que sua fala pode ser editada – algumas frases são cortadas pela metade enquanto outras são reforçadas em aspectos a que você não quis se referir. Isso para não falar dos jornalistas sem escrúpulo que simplesmente vendem seus artigos para quem pagar mais.

> NAS TRILHAS DOS PERVERSOS EXISTEM ESPINHOS E CILADAS; QUEM DESEJA PROTEGER A PRÓPRIA VIDA DEVE AFASTAR-SE DELES.
> (PROVÉRBIOS 22.5)

Certa vez, participei de uma operação de combate ao crime organizado no Brasil. O líder da organização criminosa era extremamente poderoso e rico. Tanto que ele dominava a polícia e os políticos do Estado há mais de uma década.

Ao fazer busca e apreensão em sua mansão, encontramos uma matéria jornalística de uma revista brasileira de circulação nacional no cofre pessoal dele. O conteúdo nunca foi publicado, mas estava impresso como se fosse uma matéria verdadeira. O texto era surpreendente: relatava diversos crimes praticados pela organização criminosa em determinada região, assim como descrevia sua influência política. Fato é que aquele texto jornalístico era como um raio X revelador sobre o crime organizado.

Por que será que aquela matéria de revista estava no cofre do criminoso e nunca foi publicada? Até hoje busco uma resposta. Alguns afirmaram que a revista recebeu uma fortuna para não publicar o conteúdo contra ele.

Além do mais, se houver um interesse econômico ou político contra você, a situação pode se tornar crítica. Neste caso, testemunhas anônimas podem surgir a fim de depor contra você; edições de imagens ou de frases podem fazer com que você pareça um verdadeiro monstro.

Inclusive, alguns jornalistas se aproveitam de qualquer descuido que você possa ter cometido para difamá-lo se for do interesse deles. E todo ser humano possui alguma falha ou erro em sua vida. Tirando vantagem disso, a imprensa pode até partir de um dado verdadeiro para fazer afirmações falsas.

Para você entender melhor esse tipo de situação, vou exemplificar como age uma pessoa desonesta: ela recebe uma ordem da direção do jornal para fazer uma matéria contra um empresário, por exemplo. Após pesquisar sua vida inteira, descobre que o indivíduo é alcoólatra e responde a um processo por desacato (esse crime consiste em desmerecer uma autoridade pública; um exemplo disso é o ato de xingar um policial). Então o jornalista faz uma matéria com fotos do alvo insinuando que ele participa de corrupção e fraudes em licitações. Coloca uma foto dele ingerindo bebida alcoólica – informação verdadeira – e no texto comenta que "há rumores" de que ele participou de fraudes em licitações, mesmo sabendo que não há prova alguma ou indício de que isso seria um fato. O jornalista desonesto também coloca uma foto do registro policial por desacato – informação verdadeira – e no texto menciona que "o patrimônio da pessoa é de origem suspeita". E continua com insinuações semelhantes.

Quem ler a matéria vai ter a impressão nítida de que a pessoa é desonesta e corrupta. O mais espantoso é que, em nenhuma passagem do texto, a acusação estará expressa. Existem muitos jornalistas no Brasil bastante competentes na habilidade de distorcer os fatos.

Aliás, um jornalista brasileiro se tornou famoso por defender a ética. Seus artigos em uma revista semanal sempre criticavam atos desonestos de autoridades públicas. Qual não foi minha surpresa quando, em entrevista a um programa de televisão, esse mesmo profissional confessou haver violado o sigilo da fonte – que é o direito que as pessoas têm de informar fatos a jornalistas com a garantia de que não serão identificadas.

Ao tentar justificar sua atitude imoral, alegou que, em uma investigação sobre corrupção pública, um político concordou em dar uma entrevista para ele, desde que seu nome não fosse revelado. O jornalista fez o acordo com a fonte, contudo, após obter as informações que queria, publicou um livro revelando o nome do político, a quem prometera manter a identidade em sigilo. O raciocínio pragmático do jornalista foi o seguinte: "Como se trata de um político desonesto, posso revelar o nome dele!". Em outras palavras: para os inimigos não há ética.

Um ano antes desse ocorrido, uma jornalista foi presa nos Estados Unidos porque havia se recusado a violar o segredo de sua fonte para a Justiça. Ela preferiu ser encaminhada à prisão a revelar quem tinha fornecido informações sigilosas para ela.

Reparem na diferença que há entre os dois profissionais relatados acima. A essência de um jornalista ético é a garantia do sigilo da fonte.

Polícia

O registro policial de ocorrências é uma possibilidade que sempre deve ser analisada cuidadosamente.

Quando você está em um conflito e teme ser vítima de algum tipo de violência, a comunicação do fato à Polícia pode ser uma forma de proteção. Mas o que parece funcionar enquanto teoria nem sempre funciona na prática. É preciso avaliar os possíveis efeitos dessa atitude.

Para algumas pessoas, o registro policial é considerado como uma declaração de guerra, de modo que o conflito pode se tornar uma aniquilação. Já para outras, tal procedimento pode ter exatamente o efeito que você deseja: fazer cessar a situação. Sendo assim, como saber qual atitude tomar?

Primeiramente, busque o conselho estratégico de amigos, especialmente advogados. Em segundo lugar, não faça nada enquanto estiver tomado pela emoção. Se você estiver alterado emocionalmente com a situação, aguarde até que esteja mais centrado para tomar uma atitude. Atente-se ao fato de que ações precipitadas sempre são arriscadas.

> O JUSTO MEDITA ANTES DE RESPONDER [...] (PROVÉRBIOS 15.28a)

Por fim, verifique se o adversário está arrependido do que fez. É importante avaliar se a situação de conflito regrediu ou não. Muitas vezes, a outra parte já repensou sobre seu ato e percebeu o erro, de modo que as coisas podem ser apaziguadas mais facilmente. Quem age de forma impensada pode criar novos conflitos em vez de resolver o que já existia.

> SEM LENHA O FOGO SE APAGA MAIS FACILMENTE [...] (PROVÉRBIOS 26.20a)

Entretanto, caso você tenha de comunicar fatos suspeitos à Polícia, é possível que você faça isso de duas formas:

Buscando o auxílio da polícia de modo informal, sem registro de ocorrência

Essa é uma opção muito válida quando você conhece o policial e confia nele. Ele pode lhe dar conselhos e até mesmo mediar a situação. Isso é comum em delegacias, sobretudo quando a autoridade policial percebe que os conflitos criminais têm causas sociais e familiares. É bastante recomendável agir desse modo. Um policial honesto pode ser um bom conselheiro.

Registrando uma ocorrência

Se você não obtiver sucesso na mediação do conflito feita por uma autoridade policial, então a comunicação dos fatos deve ser registrada por escrito na Delegacia. Na maioria das vezes, a partir do momento em que você comunica o fato à Polícia, não terá mais controle sobre a situação, nem a opção de retirar o que disse.

Houve o caso de um pai que ameaçou de morte a professora do filho. Isso, porque considerava que o menino estava sendo injustiçado na escola por receber frequentes medidas disciplinares. A verdade é que o aluno fora submetido a um exame médico-psiquiátrico e diagnosticado com um transtorno mental, mas o pai se recusava a aceitar o fato. Ele não comprava os medicamentos que o filho precisava e, com isso, o menino ficava bastante agressivo, tratando os colegas de sala com muita violência.

Como a professora corrigia e orientava o adolescente devidamente, o pai passou a ameaçá-la de morte. Então ela foi até a polícia e pediu conselhos ao delegado para que soubesse qual atitude deveria tomar. Ela estava com medo de ser agredida pelo pai do aluno.

O delegado a orientou a não registrar ocorrência, pois ele poderia chamar o pai para uma conversa informal. Ocorre que, antes que o oficial pudesse fazer a intimação, um outro agente contou ao pai sobre a visita da professora à delegacia. No dia seguinte, ele foi até a escola e tentou agredi-la, sendo contido pelos funcionários da instituição.

Nesse caso, a Secretaria de Educação tinha a obrigação de fazer o encaminhamento à polícia e manter a professora ameaçada sob proteção.

Dentro disso, é importante lembrar que:

> VOCÊ NÃO DEVE TENTAR SOLUCIONAR A SITUAÇÃO SOZINHO QUANDO FOR AMEAÇADO OU AGREDIDO EM RAZÃO DE SUA PROFISSÃO OU FUNÇÃO!

Vale ressaltar que a obrigação de fazer os encaminhamentos em defesa de seus colaboradores à Polícia ou à Justiça é das empresas ou instituições. Quando o profissional comparece sozinho à delegacia, as autoridades, muitas vezes, pensam que se trata de uma questão pessoal, e podem não dar a devida atenção ao caso.

Sempre que houver uma situação de risco ou ameaça no exercício profissional, o subordinado deve enviar um comunicado ao seu superior a fim de registrar os fatos e solicitar as providências necessárias.

Além disso, você precisa avaliar as possíveis repercussões sociais e psicológicas do registro policial de uma ocorrência. Há casos em que fazer isso é necessário para a solução do conflito. Porém, de todo modo, jamais humilhe seu adversário, mesmo que tenha agido muito mal.

Certa vez, um empregado estava desviando areia do depósito da empresa. Os patrões descobriram e imediatamente demitiram o rapaz, mas, antes disso, humilharam-no perante os demais empregados. Não satisfeitos, registraram uma ocorrência policial por furto na delegacia de polícia da cidade.

Em um ato de desespero, o rapaz furtou um revólver, matou os antigos patrões e depois cometeu suicídio. A humilhação que sofreu perante os demais colegas foi decisiva para a sua reação desproporcional. Imaginou que seria preso e que sua vida estava acabada, de modo que preferiu colocar um fim em seu martírio e se vingar daqueles que o humilharam. Se os donos tivessem apenas demitido o funcionário desonesto, sem humilhá-lo ou registrar ocorrência policial, o desfecho desse caso certamente seria outro.

Isso não significa que o registro de ocorrências policiais é necessariamente algo perigoso para a vítima. Em diversos casos, esse registro torna o cenário favorável para a solução do conflito. O agressor pode ficar muito mais propenso a um acordo, fazendo cessar qualquer animosidade. Geralmente, para que isso aconteça, é preciso que a Polícia tenha uma participação efetiva na conciliação do conflito. Além do mais, uma grande parcela dos policiais já percebeu que a causa de muitos crimes é social, psicológica ou familiar, e estes fatores precisam ser levados em consideração para que se encontre a melhor solução.

CAPÍTULO 9

QUEM MANDA É A SECRETÁRIA

AMBIENTES DE CONFLITO

Existem determinados ambientes que favorecem a ocorrência de conflitos. Geralmente são os lugares onde há aglomeração de pessoas, como clubes, escolas e eventos públicos.

Se nesses ajuntamentos as pessoas não tiverem vínculo algum – como em transporte coletivo, casas noturnas ou *shows* –, o risco de conflitos é ainda maior.

Já onde há oposição de interesses entre as pessoas, esse risco é máximo. É o que acontece em cenários, como o trânsito ou estádios de futebol.

Você deve permanecer bastante alerta nessas situações. Esteja preparado para provocações e até agressões injustas e inusitadas. Nunca reaja imediatamente, nem mesmo para dialogar. Esses locais não são adequados para qualquer tipo de conversa, pois podem se transformar em desentendimento, e, uma vez iniciado o conflito, é absolutamente impossível prever como será seu fim.

Em ambientes públicos, aconselho que você não se dirija pessoalmente a quem está em conflito com você. Sempre recorra ao profissional ou autoridade responsável por aquele ambiente e peça que o ajude mediando a situação.

LOCAIS DE CONFLITO

> [...] RESOLVA PACIFICAMENTE TODA A QUESTÃO ANTES QUE SE TRANSFORME NUMA CONTENDA DESTRUIDORA. (PROVÉRBIOS 17.14)

Restaurantes

Imagine este cenário: você está em um restaurante com a sua família, e, infelizmente, na mesa ao lado, algumas pessoas estão fumando, o que é proibido no local. Em uma ocasião como essa, sugiro que você peça ao garçom para solicitar que os outros clientes respeitem a proibição. Afinal, o dever de agir é dele.

Mas, quando o conflito é com algum funcionário do restaurante, sua atitude deve ser outra. Se um garçom não está atendendo bem, jamais reclame diretamente com ele. Também não o aconselho a que chame o gerente para se queixar. Fazendo isso, você corre o risco de receber sua bebida ou alimento "batizados". Se você não for bem atendido, a melhor coisa a se fazer é ir embora e não voltar mais àquele estabelecimento.

Certa vez, um cliente reclamou do atendimento ao gerente do restaurante e pediu para ser servido por outro garçom. Ele pensou que dessa maneira havia resolvido o problema, mas a verdade é que adquiriu um ainda maior: o garçom, sentindo-se prejudicado, cuspiu nos copos que eram dirigidos à mesa do cliente que havia se queixado. Imagine que asqueroso tomar a bebida sem se dar conta do que estava contido ali.

Condomínio

Outro tipo de ambiente que requer bastante cuidado são os condomínios residenciais. Conflitos com vizinhos são realmente desagradáveis, pois a proximidade física entre as partes pode agravar a situação.

Se um vizinho estiver fazendo muito barulho de madrugada, por exemplo, jamais peça silêncio diretamente a ele. É possível que ele não se agrade do seu posicionamento e vocês poderão acabar envolvidos em uma discussão pessoal em vez de resolverem a questão. Portanto, em ocasiões como essa, solicite ao síndico ou ao zelador do condomínio que converse com quem está causando o incômodo, e ele deve solucionar o caso. Atente-se para que o vizinho barulhento não saiba quem solicitou a intervenção.

Um personagem-chave para a solução de conflitos em condomínios é o zelador. Ele pode tanto apaziguar a situação, acalmando e conciliando as partes, como agravar o problema, estimulando o confronto.

Além disso, o zelador assim como outros funcionários do condomínio sabem detalhes da vida de todos os moradores. Eles têm acesso a suas correspondências, seu lixo, sabem quem entra e sai de sua casa. Tudo isso revela muitas informações a seu respeito. Portanto, seja cauteloso em relação a escolha desses trabalhadores, lembrando que eles poderão ajudar você ou complicar sua vida.

Na rua da sua casa

Agora, se você não mora em condomínio fechado e uma situação parecida ocorrer, isto é, se algum morador de sua rua estiver incomodando toda a vizinhança ao deixar o som alto [de modo que ninguém consegue dormir], por exemplo, a estratégia deve ser outra.

Primeiramente, recomendo que você não faça nada precipitadamente, aguarde um pouco. Às vezes, reagir logo no início pode provocar uma guerra entre vizinhos. É possível que a perturbação ocorra apenas uma ou duas vezes e não prossiga.

> O TOLO REVELA DE IMEDIATO SEU ABORRECIMENTO, MAS A PESSOA PRUDENTE IGNORA O INSULTO!
> (PROVÉRBIOS 12.16)

No entanto, se o comportamento persistir, procure saber quem é, o que faz e as características da família desse vizinho. É importante saber quem são as pessoas que residem perto de você. Se o inoportuno for um militar, por exemplo, a solução pode ser comunicar o ocorrido ao seu superior hierárquico. Desse modo, o problema seria facilmente resolvido.

Em todo caso, nunca reclame diretamente com alguém que você não conhece, assim você evitará se expor a uma situação de risco. A questão pode se tornar algo pessoal entre vocês, enquanto o fato é que se trata de um incômodo a toda a vizinhança. Sendo assim, procure aliados de sua confiança para ajudá-lo a resolver o problema, assim você evitará ser o bode expiatório de vizinhos passivos. Todos devem assumir a responsabilidade em conjunto.

Ouça o que os outros moradores da rua têm a dizer sobre a situação. Se você concordar, entre em parceria com eles e atuem em conjunto. Seria imprudente agir sozinho. Além do mais, cuide para não falar precipitadamente ou reclamar do vizinho que causa incômodo. Ele pode ficar sabendo disso e terá uma inimizade com você.

> A PESSOA QUE CONSEGUE GUARDAR SUA BOCA PRESERVA A PRÓPRIA VIDA, TODAVIA QUEM FALA SEM REFLETIR ACABA SE ARRUINANDO. (PROVÉRBIOS 13.3)

Por fim, saiba que a Polícia Militar pode ser acionada para um flagrante por perturbação do sono. Mas você deve tomar essa atitude somente se tiver total garantia de que sua identidade não será revelada ao seu vizinho. Tenha bastante cuidado, e não fale a qualquer outra pessoa que você é o autor da denúncia. Também é essencial que você não se envolva emocionalmente na situação. Não se sinta revoltado com a atitude do seu vizinho. Quanto mais racional e equilibrado você se mantiver, melhor será a solução do conflito.

> A PESSOA QUE SE MANTÉM CALMA DÁ PROVA DE GRANDE SABEDORIA, MAS O PRECIPITADO REVELA PUBLICAMENTE SUA FALTA DE JUÍZO. (PROVÉRBIOS 14.29)

Trânsito

No trânsito, é muito comum que motoristas pratiquem atos de agressividade sem motivo algum. Muitas vezes, pessoas buzinam, xingam, falam e fazem gestos violentos contra você. Em conflitos desse tipo, nunca pare o carro nem abaixe o vidro. Não revide qualquer agressão nem tente se explicar. Isso seria perda de tempo, e o risco de que a situação se agrave se torna maior.

Os contextos pessoais, familiares e psicológicos dessas pessoas são tão diversos e surpreendentes que o silêncio ou pedidos de desculpas são as melhores armas nesse tipo de ambiente.

> NÃO QUEIRA FAZER JUSTIÇA NO TRÂNSITO.

Viagens aéreas

Imagine que você esteja em um voo e um passageiro começa a fumar logo após a decolagem. Todos sabem que isso é proibido. Então, como agir nesse caso e fazer com que a pessoa respeite a lei?

Em situações como essa, chame a aeromoça para que resolva a questão. Você não deve se dirigir diretamente ao fumante – ainda que de forma educada – porque não sabe o estado emocional e psicológico da pessoa, nem qual será sua reação. Essa estratégia vale para todas as ocasiões em que houver alguém responsável pelo local onde ocorrer o problema.

Se um voo atrasar ou for cancelado, por exemplo, você deve buscar informações da companhia aérea ou da Infraero. Se houver algum prejuízo, faça sua reclamação por escrito. Aeroportos e aeronaves possuem um livro para registro de ocorrências. Mantenha com você todos os comprovantes da viagem – até mesmo o recibo do estacionamento e todos os demais registros possíveis da ocasião. Você poderá acionar a empresa aérea em uma ação no juizado de pequenas causas. Em casos desse tipo, as indenizações podem chegar até a dez mil reais por voo.

Se os passageiros prejudicados começarem a propor ações de indenização contra as empresas aéreas, em poucos anos isso fará uma grande diferença. Essas companhias passarão a pagar centenas ou milhares de multas por atrasos ou cancelamentos de voos e, certamente, aprenderão a se organizar melhor. Essa solução pode levar algum tempo para se tornar efetiva, mas será bastante duradoura e eficaz.

Assim também os funcionários de companhias aéreas têm o direito de solicitar indenização ao sofrer injustiças no trabalho.

Certa vez, um passageiro agrediu com tapas no rosto uma atendente de embarque em razão do atraso de seu voo. Tudo foi filmado e testemunhado por diversas pessoas. A vítima processou o passageiro e ele teve de pagar milhares de reais de indenização.

Ambientes públicos

Em ambientes públicos, com grande número de pessoas, recomendo que você:

- Observe se há policiais militares nas proximidades do local: a inexistência ou quantidade reduzida de policiamento em aglomerações públicas é um sinal de que há um grande risco.

Houve uma ocasião em que os policiais militares de uma grande cidade brasileira fizeram uma greve. Durante uma semana não houve policiamento ali, o que gerou um caos completo. Quadrilhas armadas assaltavam à luz do dia. O número de homicídios e latrocínios duplicou. Os comércios tiveram de fechar as portas e as ruas ficaram vazias. Com isso, aqueles que reclamavam da Polícia Militar aprenderam uma lição: "Pode ser ruim com eles, mas é muito pior sem eles".

- Observe onde estão as saídas de emergência e, se possível, fique próximo a elas. Isso poderá salvar a sua vida se houver um incêndio ou tumulto.

- Não fique próximo a postes ou estruturas montadas, assim evitará ser acertado por descargas elétricas ou desabamentos.

- Afaste-se de pessoas embriagadas. Afinal, o consumo de álcool é um dos principais fatores que desencadeiam atos de violência.

- Se perceber qualquer sinal de animosidade entre as pessoas onde você está, mude de lugar ou vá embora.

Faça isso e oriente seus filhos a terem os mesmos cuidados. Assim vocês certamente se livrarão de muitos problemas.

CONFLITOS COM AUTORIDADES

Em conflitos com autoridades – como juiz de direito, promotor de justiça ou delegado de polícia –, tenha em mente que eles sempre estão sob pressão por conta do cargo público que exercem. Além disso, a vaidade e o orgulho muitas vezes os influenciam.

Sendo assim, nunca reaja a qualquer insinuação ou provocação verbal de autoridades. Uma

> [...] NÃO HÁ AUTORIDADE QUE NÃO VENHA DE DEUS; E AS QUE EXISTEM FORAM ORDENADAS POR ELE. (ROMANOS 13.1b)

autoridade pública pode causar muitos transtornos e problemas a você. Respeite-os em todo tempo, mesmo quando não compreender seus posicionamentos.

Também é essencial entender que para resolver um problema não é necessário falar diretamente à autoridade responsável por aquele assunto, você pode até pensar que desse modo obterá o que deseja, mas não é assim que funciona. Quando tiver alguma questão a tratar, seja inteligente: fale primeiro com a secretária ou os assessores dessa autoridade. Tenha um bom relacionamento com essas pessoas e conseguirá uma solução eficaz para o seu problema.

Durante muitos anos, fui recebido em audiência por Ministros de Estado e até Presidentes da República. Geralmente, é o secretário particular do Presidente da República quem organiza os compromissos dele. Em certa ocasião, esse funcionário, sentindo-se desprezado por muitos políticos, decidiu dificultar a vida de quem era mal-educado ou inconveniente com ele. É por esse motivo que alguns deputados até hoje não sabem por que era tão difícil agendar uma reunião com o Presidente.

Certa vez, tive de propor uma ação particular na Justiça.

> LEMBRE-SE: É MUITO IMPORTANTE SABER LIDAR COM OS SUBORDINADOS DE AUTORIDADES.

O Juiz marcou a audiência para oito meses depois de minha solicitação. Sem me identificar, fui até o Diretor de Secretaria e pedi gentilmente para que ele verificasse a possibilidade de antecipar aquela audiência. Aleguei a injustiça da minha situação e pedi que me ajudasse. Então, ele averiguou a agenda e encontrou uma vaga para o mês seguinte. Desse modo, o processo foi adiantado em sete meses.

Portanto, considere que secretários e assessores de uma autoridade são pessoas bem importantes. São eles que marcam os compromissos, e alguns até influenciam as decisões das autoridades. Ao se relacionar de modo positivo e respeitoso com eles, você certamente será beneficiado.

Conflitos com policiais

Para ter uma boa relação com policiais, sempre os chame de "senhor". Desse modo, você demonstrará que reconhece sua autoridade. E se algum oficial praticar abuso ou equívoco contra você, não responda imediatamente. Seja bastante educado e discreto. Se houver vários policiais no local, identifique aquele que está mais calmo e disposto a dialogar e resolva sua questão somente com ele. Além disso, nunca critique um agente público em serviço.

Durante um assalto a um ônibus, um dos passageiros tentou telefonar para o 190, mas não conseguiu. Felizmente o ônibus foi parado em uma *blitz* da Polícia Militar e os bandidos foram presos. Porém, ao descer do ônibus, um passageiro logo reclamou com os policiais: "Que absurdo! Tentei entrar em contato através do 190 e não consegui!". Um dos agentes se sentiu ofendido com o comentário e deu um soco no rosto do homem. O passageiro sentiu na pele que não deve reclamar publicamente quando um policial está diante de uma situação de confronto com criminosos.

É fato que policiais não estão certos ao agir de forma tão violenta. Contudo, em momentos de estresse é possível que qualquer um reaja de forma imprevisível e inapropriada. Evite provocar conflitos com policiais.

Orientação estratégica em caso de corrupção

Acredite: é fundamental ter uma preparação psicológica para agir em situações de corrupção. Partimos do pressuposto de que você não é corrupto. Porém, infelizmente, há muitas pessoas que aceitam facilmente suborno e optam por agir de modo desonesto, eles até tentam se justificar, mas o fato é que suas atitudes são reprováveis e você deve estar pronto a fazer sua parte ao se deparar com esse tipo de situação.

> NÃO ACEITARÁS NENHUM TIPO DE SUBORNO, POIS O SUBORNO CEGA ATÉ OS QUE TÊM DISCERNIMENTO E PREJUDICA A CAUSA DOS INOCENTES. (ÊXODO 23.8)

Se você receber uma proposta desonesta de alguma autoridade corrupta, siga as seguintes instruções:

- A princípio, você pode se passar por desentendido. Essa é uma maneira discreta de recusar uma proposta desonesta.

- Em segundo lugar, lembre-se de ponderar sobre os riscos que ambos estariam correndo ao cometer um ato ilícito. Envolver-se em esquema de corrupção implica processos na Justiça. Sendo assim, tente convencer a autoridade a desistir da situação ilegítima, porém tenha bastante cuidado ao falar com essa pessoa.

> [...] QUEM REPUDIA O SUBORNO VIVERÁ MAIS E MELHOR.
> (PROVÉRBIOS 15.27b)

- Jamais ameace denunciar um funcionário corrupto. Denuncie-o, mas nunca o ameace antes. Isso, porque, ao perceber que você pretende denunciá-lo, é possível que ele pratique violência contra você ou sua família.

- Se o primeiro e o segundo passos não funcionarem, posicione-se abertamente diante da autoridade e diga que não aceitará a proposta de maneira alguma. É melhor sofrer uma penalidade do que participar de corrupção. Infelizmente, quem já pratica algo ilegal, geralmente é obrigado ou, no mínimo, bastante pressionado a se sujeitar a novos esquemas ilícitos. Esse é um grande erro.

- Por fim, você pode comunicar a situação de corrupção a uma autoridade policial ou a um promotor de justiça. Claro, tomando sempre o cuidado de colher provas ou circunstâncias que justifiquem suas afirmações.

Se você é um servidor público, ao receber uma proposta de corrupção, sugiro que responda de acordo com o seguinte procedimento:

- Comunique o fato ao seu superior por escrito, via WhatsApp ou *e-mail*. É muito importante registrar os fatos imediatamente. Pessoas desonestas costumam fazer acuações falsas contra servidores públicos honestos que não aceitaram alguma proposta de corrupção. Contudo, aqueles que registram os fatos estarão protegidos.

- Não identifique no documento o nome das pessoas envolvidas. Mencione apenas o fato. É necessário ter esse cuidado caso acusem você posteriormente por denunciação caluniosa. Ao agir assim, você está registrando um fato importante sem apontar pessoa alguma, ao mesmo tempo se protegerá de possíveis futuras alegações. Caso o seu superior queira saber o nome da pessoa que tentou corrompê-lo, você deve falar pessoalmente para ele.

CONFLITOS COM CRIMINOSOS

As estatísticas revelam que os crimes violentos são a terceira maior causa de mortes no Brasil. Sendo doenças – como câncer e problemas cardíacos – e acidentes de trânsito os fatores que ocasionam o maior número de mortes e danos físicos.

Faça uma experiência: escreva em uma folha de papel o nome de todas as pessoas que você conheceu pessoalmente que já faleceram. Só vale aqueles com quem você conviveu, não simplesmente de quem ouviu falar. Então, identifique a causa da morte de cada uma delas. Tenho certeza de que, no máximo, vinte por cento das causas de morte das pessoas listadas estão relacionadas a crimes violentos, a maioria dessas situações geralmente estão relacionadas a doenças ou acidentes de trânsito.

Muitas pessoas têm medo de viajar de avião, mas não temem atravessar uma rua ou dirigir um carro. Contudo, as chances de morrer em um acidente de trânsito são muito maiores do que as de sofrer um acidente aéreo.

Porém, trata-se de uma questão psicológica, uma vez que a imprensa divulga crimes violentos e acidentes aéreos com muito mais frequência do que as situações de morte no trânsito. A incidência diária de graves acidentes com motoristas é bem mais alta, mas apenas uma pequena parcela desses casos é relatada em rede nacional. Já os acidentes aéreos são muito mais divulgados, ainda que se trate da queda de um pequeno avião. Isso cria uma sensação de risco ilusória em relação a esse meio de transporte.

Portanto, recomendo que você esteja atento e tome os devidos cuidados de acordo com as diferentes situações de risco, buscando sempre as melhores estratégias.

Estratégias equivocadas

> O ESTACIONAMENTO MAIS CARO É AQUELE PELO QUAL NÃO SE PAGA!

Muitas pessoas costumam estacionar seu veículo em locais públicos. Isso, porque acham muito alto o valor cobrado em estacionamentos privados. Esse é um exemplo de estratégia equivocada para aqueles que querem estar protegidos.

É corriqueiro nas grandes cidades encontrar algum "flanelinha" que irá pressionar você a pagar para que ele vigie seu carro na rua. Mesmo assim, seu veículo estará exposto a ser danificado ou roubado. Você pode até considerar que o gasto com estacionamento seja muito grande, no entanto o "flanelinha" não lhe dá garantia alguma de proteção. Se algo acontecer, ele pode simplesmente abandonar o local e deixá-lo com um grande prejuízo.

Por outro lado, ao deixar seu carro em um estacionamento privado, com seguro, seu gasto pode ser um pouco maior a princípio, mas a chance de ser vítima de um crime ou sofrer danos em seu veículo é bem menor. Vale a pena!

Estratégias corretas

Quando a vítima demonstra estar atenta, dificilmente o criminoso a ataca. Isso se aplica a furtos, roubos e até agressões físicas. A maioria dos crimes é praticada a partir de um ataque surpresa, isto é, quando a vítima se encontra desprevenida.

Portanto, ao parar seu automóvel, escolha sempre um estacionamento bem localizado e próximo de seu destino. Contudo, se não houver, procure locais iluminados e próximos a áreas de movimentação de pessoas, como lojas e portarias de edifícios. Ao entrar ou sair dele, demonstre claramente que está atento, olhando para os lados ostensivamente. Se houver alguém suspeito por perto, não entre em seu veículo, espere algum tempo ou procure ajuda.

Enquanto Promotor de Justiça atuando em casos criminais, eu interrogava diversos assaltantes, e eles sempre me diziam informalmente que preferiam abordar pessoas que estavam entrando ou saindo do carro, pois costumam estar mais distraídas. A surpresa é a principal arma dos perversos.

Há certos horários e locais em que os crimes são muito mais recorrentes do que em outros. Isto é, grande parte dos ilícitos criminais ocorrem entre as dezoito horas de sexta-feira e as seis horas do domingo.

E geralmente eles acontecem em ambientes onde há consumo de bebidas alcoólicas. Além disso, esteja atento: sua casa pode não ser um local totalmente seguro. Isso, porque a maioria dos crimes sexuais contra mulheres e crianças é praticada por alguém de seu ambiente familiar. Já os banheiros são locais de grande ocorrência de abusos contra crianças e adolescentes, especialmente dentro de escolas, igrejas, condomínios residenciais e *shoppings*. Portanto, esteja bastante alerta nesses locais.

CAPÍTULO 10

JUSTIÇA
PASSO A PASSO

COMO ENCAMINHAR SITUAÇÕES SUSPEITAS À POLÍCIA E AO MINISTÉRIO PÚBLICO

As orientações que lhe darei a seguir foram elaboradas com base em minha atuação como Promotor de Justiça e Procurador da República em centenas de casos reais na Justiça e na Polícia. Elas revelarão a forma de agir e pensar de membros dessas instituições. Meu objetivo é dar segurança a você para que possa ajudar pessoas e colaborar com a Justiça sem se colocar em situação de risco.

Desse modo, considere que qualquer situação suspeita, ilegal ou injusta pode ser levada ao conhecimento desses órgãos. Para isso, não se faz necessária formalidade alguma, trata-se de um procedimento simples, que consiste em comunicar fatos ou suspeitas a um policial militar ou civil. Até uma notícia de jornal pode justificar a abertura de uma investigação, assim como um telefonema ou uma informação anônima. O fundamental é haver um contexto, prova ou indício de credibilidade.

Muitas pessoas me perguntam em palestras: "Posso fazer uma denúncia contra alguém sem ter provas de que o crime de fato ocorreu?". Eu respondo que sim, é possível, desde que o faça com sabedoria. Isto é, se você suspeita de quem teria sido o autor de um crime, é sempre mais prudente não o acusar diretamente, mas narrar apenas fatos e circunstâncias que você presenciou ou alguém de confiança lhe confidenciou. Deixe que os órgãos públicos investiguem o caso e apontem os responsáveis.

> QUEM CONSIDERA ATENTAMENTE TUDO O QUE FALA, PROSPERA [...] (PROVÉRBIOS 16.20)

Antes de tomar qualquer atitude formal – como registro de ocorrência ou comunicação formal –, recomendo que você faça um contato prévio e informal com a autoridade policial ou promotor de justiça para obter orientação sobre como agir, e especialmente tomar conhecimento das consequências de cada medida possível. É fundamental que isso seja feito por alguém que não tenha nenhuma participação direta com o caso real. Sendo assim, se você ou um familiar seu estiver envolvido de alguma maneira com uma situação de risco, peça a algum amigo de sua confiança para representar você nesse contato inicial com a autoridade, sem revelar seu nome ou identidade.

Porém, quando as informações sobre um crime são obtidas em razão de sua profissão ou função pública, recomendo que a sua instituição ou empresa encaminhe o caso, assim você estará protegido. Por isso, aconselho às instituições – escolas, hospitais, empresas, etc. – treinarem uma pessoa para se relacionar com autoridades policiais e com o Ministério Público. Agindo assim, os encaminhamentos serão muito mais rápidos e eficientes. Além disso, sua instituição será muito bem quista ao manter um relacionamento mais próximo com as autoridades.

O encaminhamento institucional – quando um órgão ou empresa denunciam um ocorrido – tem muito mais credibilidade, pois não haverá induções de que se trata de questões pessoais ou perseguição. É fato incontestável que há atenção muito maior por parte dos órgãos públicos às denúncias feitas por instituições ou empresas.

Já o encaminhamento individual a autoridades ocorre quando você notifica pessoalmente o caso. Isso deve ser feito quando o ocorrido é de natureza pessoal. Trata-se de ocorrências de vizinhança, furtos ou crimes contra a honra, por exemplo.

Em suma, para que um caso suspeito seja levado à Polícia ou ao Ministério Público, dois caminhos são possíveis: de modo individual ou institucional. Sendo o primeiro recomendado a todos os casos que tiverem alguma relação com seu trabalho ou função pública e o segundo para quando não tiverem.

Para fazer isso, você pode agir de duas maneiras: como informante ou testemunha.

INFORMANTE

Informante é a pessoa que não presenciou a prática ilícita, mas tem informações importantes sobre o crime. Não estou utilizando o conceito jurídico--processual penal, mas o termo coloquial. Geralmente, o informante é alguém que possui condições pessoais que privilegiam a obtenção de informações confiáveis. Pode ser um vizinho ou conhecido da vítima ou do autor do crime, ou até mesmo um profissional que identifica algo suspeito em seu ambiente de trabalho.

Na condição de informante, a pessoa deve ser protegida, nem seu nome deve ser mencionado em inquéritos ou ofícios. Isso, porque uma vez revelada a identidade do informante, ele correrá risco de vida e não poderá mais obter informações em outras investigações. Um informante não tem nome nem rosto. É uma questão de honra para delegados e promotores de justiça manterem fidelidade e proteção a eles. É o mesmo princípio que se aplica ao sigilo de fonte dos jornalistas.

Certa vez, moradores de determinada vizinhança perceberam uma movimentação noturna em uma das casas da região e estranharam o fato. Os donos daquela casa nunca eram vistos, e muitos carros chegavam à noite, especialmente aos finais de semana. Um dos vizinhos fez uma ligação telefônica para a Polícia e narrou os fatos, os oficiais se encarregaram de investigar a situação. Descobriu-se que se tratava de um local para "desmanche" de veículos roubados. Os criminosos foram presos, e nunca se soube quem foi o informante que denunciou o caso à Polícia.

Em outra ocasião, dei uma palestra em uma escola, e ali recebi a seguinte pergunta de um professor: "Dr. Schelb, eu encaminhei um caso de abuso físico cometido contra um aluno. O menino sempre estava com hematomas e ferimentos no corpo. Após uma conversa com a criança, ele confessou que era o seu próprio pai quem o espancava. Assim, relatei o caso a um promotor de justiça e ele me arrolou como testemunha. Tive de me sentar frente a frente com o pai abusador na audiência do Tribunal. Isto está correto?".

Respondi a ele que não. Aquele promotor de justiça agiu mal. Um professor que identifica uma situação de abuso contra um aluno deve ser tratado como informante, afinal está na condição privilegiada de quem pode levar informações para as autoridades investigarem o caso sem ser identificado. Quando a identificação do informante é revelada na denúncia, ele estará em grave risco de sofrer ameaças ou agressões pelos envolvidos.

Casos como esses são bastante típicos, isto é, quando um professor observa uma situação suspeita envolvendo aluno. Ele não presencia nada, apenas detecta os sinais físicos e comportamentais do estudante. Contudo, se for arrolado como testemunha, certamente nunca mais encaminhará à Justiça casos de suspeita de abuso contra seus alunos

Professores não devem ser arrolados como testemunha em casos suspeitos identificados no exercício de suas funções. Primeiramente, porque exercem um ofício estratégico para obtenção de informações de crimes, e se as pessoas souberem que fazem encaminhamentos policiais, perderão a confiança neles. Em segundo lugar, eles não devem fazer isso por conta do constrangimento e das ameaças que poderão sofrer.

TESTEMUNHA

Testemunha é a pessoa que possui informações relevantes sobre o fato criminoso. Trata-se de alguém que viu o crime com seus próprios olhos ou teve acesso a informações que comprovam o ilícito. Nesse caso, a pessoa deve ser identificada e prestar depoimento formal na delegacia e na Justiça. O réu tem o direito de saber quem são as testemunhas que irão depor contra ele. Por essa razão, essa pessoa precisa ser identificada.

Porém, há casos mais complicados, em que a testemunha estaria exposta a um grande risco ao ser identificada. É por esse motivo que muitas pessoas não levam informações às autoridades, pois têm medo. Como promotor de justiça, já tratei de casos em que as pessoas tinham excelentes informações sobre crimes, mas não queriam ser expostas publicamente de maneira alguma.

Em um caso específico, uma pessoa que presenciou atos ilícitos que estavam sendo investigados disse que só revelaria as informações se seu nome fosse mantido em total sigilo. Tratava-se de um caso muito grave e, de acordo com a lei, ela poderia ser obrigada a depor sobre o que sabia. Considerando, porém, os diversos aspectos da investigação, propus o seguinte: garantir o sigilo e proteção de sua identidade e, ao mesmo tempo, montar uma estratégia que possibilitasse a obtenção de provas que levassem os criminosos à condenação.

Eu me comprometi a não dizer o nome daquela testemunha para ninguém, e assim foi feito. As informações que ela trouxe foram tão importantes e completas que viabilizaram a obtenção de novas testemunhas e provas suficientes para condenar os bandidos.

É preciso considerar, também, a segurança pessoal do informante e da testemunha. Isso, porque as pessoas envolvidas com o crime podem querer se vingar deles ou de suas famílias se souberem quem são. Sendo assim, não se faz necessário identificar-se para transmitir informações às autoridades, explique a situação e saiba que você tem o direito de ser protegido.

Certa vez, um servidor público descobriu que uma organização criminosa agia dentro de sua instituição.

Segundo as informações obtidas, os bandidos tinham muito poder político e econômico. Fora isso, ele soube de um colega que tentou denunciá-los e morreu em um acidente muito suspeito. O servidor queria fazer algo, mas tinha muito medo. Então, desesperado, procurou o meu auxílio.

No caso real, a solução foi a seguinte: o servidor trouxe informações bastante detalhadas, relatando os nomes das vítimas e dos membros da quadrilha armada, o modo de agir dos criminosos e endereços importantes para serem averiguados na investigação. Como promotor de justiça, preservei totalmente a identidade do informante, de modo que seu nome jamais foi revelado a ninguém.

Fiz um relatório do caso indicando que a informação havia sido obtida com "terceiros". Entrei em parceria com a Polícia Civil e realizamos uma investigação preliminar. Em menos de um mês, conseguimos ainda mais informações e detalhes da operação criminosa, estas evidências confirmaram todas as suspeitas. Em decorrência desse trabalho, o líder da quadrilha foi preso e a organização criminosa desbaratada.

Influências nas investigações

Ao realizar uma investigação, promotores de justiça e delegados agem partindo da hipótese de um provável culpado. A partir disso, dificilmente mudam de opinião, a menos que os fatos indiquem claramente a inocência do suspeito. De todo modo, as autoridades procuram atuar sempre de forma imparcial, entretanto é inevitável que haja influências por parte da imprensa, familiares, colegas de trabalho e diversos outros fatores.

É preciso considerar também que as autoridades encarregadas de cada caso têm suas próprias visões de mundo, seus conceitos pré-estabelecidos e valores formados ao longo de suas vidas. Ou seja, a família, os amigos, as escolas que frequentaram, assim como suas experiências pessoais – boas ou más – influenciam seu modo de pensar, formando esses conceitos, que são uma espécie de filtro pessoal a partir do qual cada um vê e interpreta o mundo.

Muitas pessoas criticam a Justiça por estabelecer decisões diferentes em casos semelhantes. Pode acontecer, por exemplo, que em um crime de roubo o réu seja condenado a quatro anos de prisão, enquanto em outro caso idêntico, a punição decretada seja de seis anos de reclusão. É provável que isso tenha ocorrido porque o juiz que aplicou a pena maior já foi vítima de roubo. Quem sofreu determinado tipo de violência tende a ser mais rigoroso com aqueles que a praticam.

Outro ponto que influencia bastante o andamento das investigações é a formação específica dos profissionais envolvidos. Um exemplo disso é que, nos Estados Unidos, os advogados têm uma formação intensa em criminologia, isto é, o estudo das características pessoais, sociais e psicológicas de autores de crimes. Esse conhecimento é utilizado para analisar os suspeitos, pois quando se conhece a personalidade e o caráter de alguém, pode-se escolher estratégias de atuação mais eficientes para influenciá-lo.

Todos esses fatores se manifestam no que diz respeito à prioridade das investigações. Uma autoridade pode favorecer o andamento de determinados casos de mais importância para ele de acordo com sua vocação, origem social ou influências pessoais. Em uma mesma delegacia, o titular pode ter como prioridade o combate ao estelionato, por exemplo, enquanto o seu substituto prioriza outros tipos de ocorrência.

Para exemplificar essa questão, considere que, no ano 2000, trabalhei junto de uma equipe em uma operação de combate ao desmatamento da floresta amazônica. Ao longo das investigações, que envolviam os estados de Rondônia e Mato Grosso, pudemos identificar a principal organização criminosa responsável pelo desmatamento ilegal e prendemos seus líderes. Só para que você entenda a proporção disso, saiba que em um ano de atividades criminosas a organização movimentou duzentos milhões de reais.

A prisão desses criminosos representou uma grande esperança para diversas organizações e órgãos ambientais. Em decorrência disso, os fazendeiros e empresas que até então exploravam irregularmente a floresta procuraram regularizar suas atividades econômicas de acordo com a lei. Mas, infelizmente, os órgãos ambientais estaduais e federais não deram atenção a essa demanda e, alguns meses depois, por falta de apoio, todos retornaram a praticar o desmatamento descontrolado.

Em outra ocasião, um promotor de justiça recebeu uma representação na qual constava que a diretora de uma escola permitia que os alunos com idades entre dez e doze anos fizessem sexo no banheiro da escola. Em menos de uma semana, sem investigar nada, o promotor arquivou o procedimento alegando que "crianças têm o direito de praticar sexo, desde que seja com outra criança". Certamente, outra autoridade, que tivesse as leis e não ideologias como referencial, interviria na situação com uma abordagem distinta.

> POIS É VERGONHOSO ATÉ MESMO MENCIONAR AS COISAS QUE FAZEM ÀS ESCONDIDAS. (EFÉSIOS 5.12)

Até mesmo as instituições – Ministério Público e Polícia – têm filosofias próprias decorrentes de suas estruturas organizacionais e objetivos institucionais. Tudo isso demonstra o quanto as prioridades e características peculiares de cada uma das instituições e autoridades podem ser diferentes. Sendo assim, antes de encaminhar um caso suspeito, é preciso conhecer o delegado ou promotor de justiça que será responsável pelas investigações.

Orientação em caso difícil

Certa vez, um técnico de informática realizou o conserto do computador de um empresário muito conhecido na cidade. Ao testar o aparelho, descobriu um arquivo secreto e, ao abri-lo, teve uma surpresa terrível: fotos e filmes pornográficos, nos quais aquele homem e várias crianças – com idades entre dois e seis anos – apareciam em cenas explícitas de sexo. Eram imagens repugnantes.

Em uma situação como essa, aconselho você a seguir as seguintes recomendações:

1ª Orientação:
Não converse sobre o caso com ninguém

Você não sabe o que pode acontecer no futuro. Se comentar com alguém sobre o caso, é certo que muitos saberão que você é o responsável pelo encaminhamento. Portanto, para sua segurança e de sua família, não fale a ninguém acerca disso. Poucas pessoas que se comprometem a manter sigilo de informações, de fato, cumprem.

> O FOFOQUEIRO TRAI A CONFIANÇA DE QUEM QUER QUE SEJA, MAS AQUELE QUE GUARDA UM SEGREDO MERECE CRÉDITO.
> (PROVÉRBIOS 11.13)

Não basta ter os cuidados formais, também é preciso guardar sigilo das informações. Não revele essas coisas a colegas de serviço ou amigos. Sem querer, as pessoas podem causar muitos prejuízos a você.

2ª Orientação:
Obtenha aconselhamento estratégico

É muito importante obter o conselho de terceiros para auxiliar na solução de casos difíceis. Para isso, não considere pessoas que possuem interesse no conflito, procure alguém com experiência no assunto e que seja confiável.

3ª Orientação:
Analise as provas com equilíbrio e imparcialidade

Considerando o caso relatado, por exemplo, questione: as fotos e os filmes são autênticos ou foram manipulados? As pessoas que aparecem são realmente crianças? O empresário em questão é, de fato, quem aparece nas fotos e filmes?

Não se deixe ser dominado pelo nervosismo, precipitação ou indignação. É preciso sangue-frio em ocasiões como essas. Alguns agem de forma precipitada e acusam outros injustamente, causando um mal irreparável para pessoas honestas. Esteja seguro quanto aos fatos, pois as aparências podem enganar.

4ª Orientação:
Busque a orientação estratégica de autoridades públicas

Você tem um amigo delegado, agente da polícia ou promotor de justiça? Não apenas um conhecido, mas a um amigo de sua confiança? Se você tiver, leve o caso a ele reservadamente e peça orientação sobre como agir.

Se não tiver, cabe a você discernir se deve comunicar ou não os fatos diretamente às autoridades.

Lembre-se que, em casos de pedofilia, como se deu no exemplo, pode haver mais pessoas envolvidas, talvez até uma organização criminosa com poder econômico e influência política ou social. Você não sabe se outras pessoas estão envolvidas nisso nem quão perigosas elas são, portanto é preciso ter bastante cuidado.

Além disso, lembre-se de sua posição enquanto profissional. Na situação, tratava-se de um técnico de informática que precisava zelar pela confiança de seus clientes no que diz respeito à privacidade deles. Sendo assim, seria essencial que não fosse revelado ao público o autor da denúncia. Nesse caso, ele não precisaria se identificar para transmitir as informações às autoridades, pois não seria testemunha do crime, mas um informante.

Esteja sempre atento, pois, mesmo ao fazer uma denúncia anônima, é possível revelar sua identidade indiretamente. Ou seja, não telefone de sua casa, nem mesmo de sua região, pois a ligação pode ser rastreada e você seria identificado. Com certas precauções, é possível fornecer informação valiosa sobre uma situação suspeita sem nenhum risco de ser identificado ou sofrer represálias e ameaças.

Em resumo, lembre-se de manter o caso em sigilo. Não comente sobre o ocorrido com colegas de trabalho, amigos ou familiares. Busque aconselhamento com pessoas de sua inteira confiança e com autoridades públicas. E, se possível, faça a denúncia anonimamente.

No caso real, a solução foi a seguinte: o técnico em informática contou os fatos para um delegado de polícia, que era amigo de seu pai. Após analisar os indícios, o oficial ordenou uma investigação preliminar, sem mencionar o nome do informante. A Polícia, então, passou a acompanhar a rotina de vida do acusado a fim de verificar a suspeita.

Ao final, constatou-se que o empresário estava realmente envolvido com pedofilia. A atuação do informante foi fundamental nesse processo e nós tomamos o cuidado de preservá-lo, de modo que as provas contidas no computador não foram utilizadas na investigação. O computador foi devolvido ao empresário na data prevista e, dias depois, em uma busca e apreensão na casa do suspeito, a Polícia apreendeu o aparelho que continha os arquivos com conteúdo de pedofilia.

Agindo estrategicamente, conseguimos prender o criminoso sem expor o denunciante, mantendo-o protegido. O que foi possível também porque ele procedeu de acordo com as orientações acima.

Sabemos que os conflitos são inevitáveis na vida (cf. João 16.33), mas é certo que não devemos nos envolver em batalhas desnecessárias. É possível evitar muitos problemas utilizando estratégias inteligentes. Quando não se pode evitar o confronto, encontre soluções pacíficas por meio de atitudes apropriadas.

Além disso, saiba reconhecer que nem todos os nossos adversários são maus e desonestos. E que a verdade é nossa maior aliada, enquanto a mentira é uma prisão. Contudo, dizer a verdade de maneira não estratégica pode ser pior do que mentir. Da mesma forma, exercer direitos sem prudência pode causar muitos problemas, até porque o que mais importa não são apenas as decisões feitas em tribunais, há muitos outros fatores a serem considerados. Sendo assim, às vezes, um péssimo acordo pode ser melhor do que um excelente processo judicial.

Em suma, devemos nos preparar para as batalhas com toda a dedicação e cuidado, sabendo, porém, que a vitória vem pelas mãos de Deus:

> OS HOMENS PODEM PREPARAR SEUS CAVALOS PARA O DIA DA BATALHA, MAS SOMENTE *YAHWEH*, O SENHOR É QUEM DÁ A VITÓRIA!
> (PROVÉRBIOS 21.31)

Este livro foi produzido em Adobe Garamond Pro 12 e
impresso pela Gráfica Geográfica sobre papel Pólen Soft 70g
para a Editora Quatro Ventos em julho de 2020.